名师名校名校长

凝聚名师共识
回应名师关怀
打造名师品牌
培育名师群体

张明远题

教海求索30年

我的地理教学——
实践与思考

杨建军 编著

西安出版社

图书在版编目（CIP）数据

教海求索30年：我的地理教学实践与思考 / 杨建军
编著. — 西安：西安出版社，2024.3
　ISBN 978-7-5541-7472-2

Ⅰ.①教… Ⅱ.①杨… Ⅲ.①中学地理课—课堂教学
—教学研究 Ⅳ.①G633.552

中国国家版本馆CIP数据核字（2024）第065372号

教海求索30年：我的地理教学实践与思考
JIAOHAI QIUSUO 30 NIAN WODE DILI JIAOXUE SHIJIAN YU SIKAO

出版发行：西安出版社
社　　址：西安市曲江新区雁南五路 1868 号影视演艺大厦 11 层
电　　话：（029）85264440
邮政编码：710061
印　　刷：北京政采印刷服务有限公司
开　　本：787mm×1092mm　1 / 16
印　　张：13.25
字　　数：224千字
版　　次：2025 年 3 月第 1 版
印　　次：2025 年 3 月第 1 次印刷
书　　号：ISBN 978-7-5541-7472-2
定　　价：58.00 元

目 录

上篇

教学有法

深度教学与深度教研刍议

随着新一轮课程改革的不断深入，关于深度学习、深度教学的话题引起了教育专家和一线教师的关注和热议。究竟什么是深度教学？深度教学最本质的特征是什么？实现的有效途径是什么？如何开展深度教研？教师如果没有对这些问题进行深入的理解和思考，就很难将深度教学真正落到实处，更谈不上有指向"核心素养"的教学。因此，作为一线教师，在做好教育教学本职工作的同时，非常有必要基于自身教学实践，通过对教学理论的学习和运用，不断提升自己的专业能力。

一、什么是深度教学？

关于深度教学，每一个学者或老师有着各自不同的理解，但本质上都是在追求"有深度理解的教学"。根据笔者对各种定义和解释的理解和比较，认为关于深度学习较为通俗的解释应为：深度教学不是指通过无限增加知识难度和知识量，以达到对知识的简单占有和机械训练为主要目的和方式的教学，或为了满足学生好奇和"活动"而开展的表层化、表面化和表演化的学习，而是更强调基于真实情境和问题解决，以"追求个体对知识意义与价值的澄明与构建"为根本目的，促进学生思维进阶和素养发展。与传统意义上的教学相比，深度教学具有如下特征。

（一）以发展学生核心素养为根本目的

深度教学以教育学立场的知识观和发展性的学习观为基础，强调知识学习的充分广度、充分深度和充分关联度，凸显学习的丰富性、沉浸性和层进性，使学生完整深刻地理解知识，在认知方式、情感体验、思想境界、行为方式等维度发生实质性的变化，促进反思性学习和批判性思维，实现知识的意义生成和多样性价值，促进必备品格和关键能力得到整体提升。

（二）注重发挥学生学习的主动性

学生的充分参与是深度教学的前提。具体表现为学生在教师的引导下，为化解心中疑问、寻求解决问题的有效方法和思路、建构知识逻辑，积极主动地展开阅读、听讲、讨论、思辨、体验、操作、计算、分析，最终实现自我完善的学习状态。学生怎样才能充分参与教学？课堂观察表明，要想让学生充分参与，需满足以下条件：一是学生对教学内容感兴趣；二是教学内容与学生的生活经验紧密联系，并为大部分学生所熟悉；三是教学内容本身具有现实和逻辑意义；四是教学内容与学生的已有知识相联系，但又具有一定的思维挑战性；五是教学方法和过程符合学生的认知规律，具有多样性和趣味性；六是教学过程给学生充分独立思考、讨论交流、展示分享的机会；七是课堂教学必须具有鲜明的学科特性，能够从学科育人的角度出发，牢牢把握"立德树人"根本任务，立足学科的性质和特点，彰显学科独特的育人价值与功能。

（三）深度教学必须基于真实的情境

"将知识迁移应用到具体情境中，解决实际问题"是深度学习和真实学习的显著特征。核心素养理念下的学生学习，其根本目的不是为了让学生记住知识，而是强调让学生在真实情境中，通过自主、合作的探究性学习，在迁移所学知识，解决实际问题中获得知识意义，建立学科思想，发展学科能力，养成学科核心素养。因此，深度教学积极倡导教师在课堂教学中着力构建真实的、复杂甚至是两难的情境，引导学生在情境中建构知识，在情境中实现知识的迁移和问题的解决。

（四）高质量的问题是实现深度教学的引擎

所谓高质量的问题，是指问题设计既成为连接情境与教材的桥梁，又成为培养学生的理性精神、开放性意识、批判性思维和创新能力的催化剂和助推器。美国教育心理学家布鲁纳认为，"教学过程是一种提出问题、解决问题的持续不断的过程"。问题不在于数量多，而在于质量高，即问题从单一走向综合、从封闭走向开放、从"一对一"走向"一对多"、从知识的记忆巩固走向问题探究，从浅层思维走向高阶思维，尤其要改变"唯标准答案的倾向"，从"基于答案"走向"通过答案"，培养学生的怀疑精神、批判性思维和创新能力。

（五）开展学科内整合性教学和跨学科的主题学习是实现深度教学的有效途径

学科内整合性教学和跨学科的主题学习不仅有助于学生将头脑中大量的、细碎的知识点联系起来，形成完整的知识体系，而且有助于学生对知识的复习巩固和迁移应用，是培养学生综合思维、知识迁移能力的重要途径。"多角度"是学科知识整合教学的核心思想，在一定程度上，"多角度"的教学方式能让不同基础的学生很快找到适合自己的认知角度，去分析和理解知识。

简言之，学习者对知识内涵的深度理解、高度的学习投入、新旧知识的整合、知识的迁移和运用构成深度教学的基本特征。

二、关于深度教研的思考

（一）深度教研做什么？

教研即教学研究。是指总结教学经验，发现教学问题，研究教学方法，服务教学改革。通俗地讲，就是为自己的教学找到说法和理论依据；为自己的说法提供实证案例。

所谓深度教研，是指基于课堂，为了实现深度教学的研究。

1. 厘清问题

深度教学研究，重在厘清以下三个主要问题。

（1）在内容层面：教什么？要求学生必须掌握的概念、原理、方法、技能有哪些？掌握到什么程度？因此，教学研究的一项重要内容就是学习和研究课程标准。依据课程标准制定教学目标，确定教学的重难点，进而选择和整合教学内容。

（2）在技术层面：怎样教？"怎样教"这一问题基于两个方面，第一个方面是弄清楚知识本身具有怎样的逻辑关系，也就是说知识是如何形成的；第二个方面是学生是怎样学习的，学生的学习有怎样的特点。只有弄清楚这两个问题，我们才有可能为学生学习设计出具有层次性、递进性、可操作性的学习任务单（或问题情境），为学生的有效学习提供支架。

（3）在价值层面：为什么教？就是要弄清楚学生为什么要学习这部分知

识，知识的学习对于人的生存和发展的意义是什么？唯有如此，教师才有可能将教学引向深度学习，导向学科素养，从而激发学生的学习动机，让学生积极主动地学习。

2. 关注评价

基于深度教学的研究，重在关注以下四个方面的评价。

第一，教学目标的确定是否符合课程标准的要求，符合学生的年龄特征，体现学科的性质和特点，并在课堂上得到了恰当的体现和有效达成。

第二，教学活动的设计是否促成了真实的学习的发生。也就是学生是否全身心地投入到了问题解决的全过程中。

第三，教学内容的重构和整合，问题的设计与讨论，结果的生成与呈现等，是否符合教学的逻辑。

第四，从教学效果来看，课堂教学是否使学生的认识、行为、情感、态度发生了明显的变化；学生是否顺利完成了学习任务，掌握了解决问题的基本思路和操作要领，是否能够准确规范地表述学习成果，是否对学习内容产生了兴趣。

（二）深度教研怎么做？

1. 找准立足点

找准立足点是深度教研的前提。因此，深度教研一定要从教学实际出发，立足于自身课堂，基于问题的解决，服务于改进教学。可概括为以下内容。

（1）立足课堂。即教师的教研一定是根植于课堂的。离开课堂的教研既难以操作，也难有作为。以课堂教学问题解决为主线，开展以优化教学设计、课堂实践、课后点评、教学反思为环节的案例研究。一个老师要想把课讲好，一是要常听自己的课，然后听同伴的课；二是带着问题听课，在听课中发现教学中的问题，发现自己的问题，发现有价值的问题。

（2）立足问题。教师的教研不是为了完善理论，而是为了解决实际问题，问题即课题。因此，学科研究应从问题入手，找准问题是研究的关键。

（3）立足于服务和改进教学。教学研究的根本目的不是为了职称晋升和获得荣誉，而是为了改进教学，让学生学得更积极、更主动和有效。

因此，学科研究要从改变做法开始。

2. 树立四个意识

开展深度教研还应树立以下四个意识。

（1）课标意识。即课程标准对教学内容是如何规定的？对教学方法是怎样要求的？对教学水平是如何评价的？

（2）学科意识。即学科具有怎样的性质和特点？学科核心素养的指向是什么？学科知识学习和研究的一般方法又是什么？

（3）学生意识。学生的知识基础怎样？学生具有怎样的生活经验？学生是如何学习的？如何发挥学生在教学中的主体地位？如何激发学生学习兴趣，使之保持学习的注意力，生动活泼地投入学习之中？

（4）规则意识。即教学应遵循的原则是什么？教学应遵循的逻辑是什么？教学应遵循的程序和方法是什么？

（三）深度教研的实践路径

1. 学习

学习书本，与名著对话；听讲座，与专家对话；看视频、听课，向有经验的老师请教；听取学生的意见，向学生请教。

2. 实践

任何有效的方法和理论不通过亲身实践都毫无意义。没有实践就没有发言权。理论上的说法不等于实践中的做法，现成的、公认的常识你未必可以简单套用。要想真正学习和运用一种理论，你必须在自己身上重演一遍。

3. 反思

通过技术对比，听取意见，找出理念上的差距，解析手段、方法上的差异。或通过教学案例、教育故事、教学心得，总结经验和收获。

4. 总结

对学习、实践、反思进行系统分析和归纳总结，形成一种可推广、可传播的成果。

三、对深度教学的几点建议

（一）进行"有限教导"，让学生充分地参与教学

在教学中，教师必须尽力控制自己的讲授、指导，给学生充足的学习机会：一方面，教师要"少讲"，以便给学生足够的学习时间；另一方面，教

师要"隐身"，以便让学生全身心地投入学习。只有通过自学和合作学习都无法完成的任务，才应给予必要的教导。

（二）进行"多元教导"，让学生生动活泼地学习

教学"不能让知识僵化，而要让它生动活泼起来"，因为"生动活泼地理解和创造性地运用知识才能有效地发展智力"，才能形成核心素养。否则，学生获得的只是"惰性知识"。为了让学生生动活泼地学习知识，教师应该进行"多元教导"，实现教导的灵活化。

（三）进行"情感教学"，激发学生的积极情感体验

从学生在教学过程中的情感体验来看，深度教学是伴随着积极的情感体验的教学。带着情感去学习，不仅可以增进学生对知识的理解，而且能够让知识深入学生的内心，进而达到改造思想、形成信念的目的。

（四）提供"全景立场"，让学生形成自己的理性

从学生在教学中的思维层次来看，深度教学应该是批判性教学。根据建构主义理论和后现代理论，由于人们的视界、立场或者采用的认识工具、方法不一样，不同的人对同一事物有不同的认识，而且每种认识都可能是合理的、正确的。因此，在教学过程中，为了让学生更深入地理解所学的内容，教师应该向学生提供"全景立场"，即不同的甚至是相互冲突的观点，让学生通过对比、比较，形成自己的判断，发展自己的理性。这样，学生既能获得对知识对象的深刻认识，还能发展"批判性思维""理性"和"创新能力"等核心素养。

参考文献：

郭元祥.论深度教学：源起、基础与理念［J］.教育研究与实验，2017（3）：1-11.

基于理解的课堂教学应该遵循的逻辑

　　我一直认为教学是有逻辑的，要保证课堂教学有效的前提是教师必须遵循教学的逻辑。教学逻辑不仅对提高课堂教学的质量和效果至关重要，而且对学生的思维发展也有重要的影响。基于理解的课堂教学既是知识建构的过程，更是促进学生思维发展和提升的过程。而当下的课堂教学则普遍存在重形式轻逻辑的现象，这样不仅不利于学生从整体上把握和建构学科的知识体系，而且也不利于学生思维的发展。本文将以实现"为理解而教"的目的，探讨课堂教学应该遵循哪些基本逻辑。

一、教学逻辑的内涵

　　什么是教学的逻辑？通俗地讲，逻辑就是规律。教学逻辑，就是教学的行为要符合教学的基本原则和规律。基于理解的课堂教学至少应该遵循以下四个逻辑，即学科知识逻辑、学生认知逻辑、教学内容逻辑、教学活动逻辑。

（一）学科知识逻辑

　　所谓学科的知识逻辑，就是学科各部分内容（概念、观念）之间的内在联系和发展顺序，是学科知识、思想、方法的综合。学科的知识逻辑不仅具有严密性和科学性，更具有启发性和创新性，为学生理解学科知识提供了重要的认知启示。遵循学科知识逻辑组织教学，教师能够更好地从整体上把握这门学科，并在不同的学科内容领域，选择和组织不同的教学内容——活动序列，有利于不同性质的学科内容领域结构化知识的习得。具体而言，学科知识逻辑包括以下几个方面。

1. 学科的基本概念和概念体系

学科的基本概念是学科知识的核心和基础，是学科知识体系的基石。通过对学科基本概念和概念体系的掌握，可以构建出严谨科学的认知框架。

2. 学科的理论框架和理论体系

学科的理论框架是学科知识的体系结构，包括学科的基本原理、规律、基本概念和假设。

3. 学科的实证研究方法

学科的实证研究方法是学科知识得以实践和发展的重要保障，包括采集、整理、分析和解释数据的方法等，是学科知识逻辑的体现。

4. 学科的应用和实践

学科的应用和实践是学科知识的生动体现和落地方式，通过将学科理论用于实际问题的解决和实践活动中，验证学科知识的有效性和应用价值。

每门学科的内容都存在由简单到复杂，由基础到提升的逻辑关系，环环相扣，联系紧密。只有把握了其逻辑关系，并能以概念图或思维导图的方式对其做出外显化表达，才能证明对这一领域的知识体系有系统深入的理解。

（二）学生认知逻辑

学生认知逻辑指学生的认知结构和认知世界的方式，是学生在大脑中建构知识的方式、过程，简单说，也就是"学生是如何学习的"。学生的认知逻辑涉及学习内容的知识结构和思维方式的运用，以及学生对学习目标、方法、过程和结果等方面的认知和理解。学生的认知逻辑具体包括以下几个方面。

1. 认知结构

学生的知识结构指的是学生在学习过程中对知识领域的概念、原理、方法、技能等内容的理解和归纳整理的方式。学生通过将学习内容进行分析、整理和梳理，建立起学科相关知识之间的关联，形成相对稳定的知识结构体系。奥苏贝尔在《教育心理学——认知观点》中指出："假如让我把全部教育心理学仅仅归结为一条原理的话，那么，我将一言以蔽之曰：影响学习的唯一最重要的因素，就是学习者已经知道了什么。"每名学生头脑中都有在先前学习和生活中获得的知识和经验，它们是学生进行新知识学习的"积累性认知结构"。学生认识世界的过程是在自身原有积累性认知结构的基础上不断扩充，并按照一定顺序向前拓展的。要想将学科知识有效地传递给学生，必须尊重和承认学生已有认知结构的先在性，这是教师进行有效教学的先决条件。

此外，还要研究学生认知世界的规律，学生的学习一般遵循由熟悉到陌生、由易到难、由简到繁、由直观形象到语言抽象、由特殊到一般与一般到特殊相结合的规律。研究学生的认知逻辑是促进"教的适切性与学的可接受性"和谐统一的重要前提。

2. 学习方法

学生的认知逻辑与学生所采用的学习方法有着密切的联系。学习方法是学生针对不同学科、不同教学目标的学习需求而制定的针对性学习方案和行动的总和。良好的学习方法可以帮助学生系统化和有效化地掌握学习内容，同时帮助学生培养健康的学习习惯，形成持久的自主学习能力。

3. 思维方式

学生的认知逻辑与学习过程中运用的思维方式密切相关。思维方式是指学生在学习过程中运用的思维方法、思路和策略等，包括识别、定义、分类、比较、归纳、演绎等。恰当地运用思维方式，可以使学生的知识积累更有效，更系统，也有利于提高学生的思维能力。

4. 学习成果表现

学习成果的表现是学生认知逻辑的重要反映。当学生具有相应的认知逻辑能力和良好的学习方法时，他们的表现通常较为优异，反之，则表现不佳。

总之，学生的认知逻辑是学生认知结构和思维方式组织和运用的总和，培养学生的认知逻辑能力，对于学生的学习和发展有着重要的推动作用。

（三）教学内容逻辑

教学内容逻辑，即学科专家认识或揭示研究对象本质特征的思维方式，简单说，就是特定教学内容的组织结构和认知方法。以地理学科为例，国际地理联合会地理教育委员会于1992年发布的《地理教育国际宪章》指出："地理学者提出以下问题：它在哪里？它是什么样子的？它为什么在那里？它如何出现？它带来什么影响？怎样使它有利于人类和自然环境？"据此，初中地理关于区域的教学内容通常是按照"地理位置（相对位置、绝对位置）—自然地理特征及成因（地形特征、气候特征、水文特征、植被特征）—人文地理特征及背景（农业生产及分布、工业生产及分布、交通运输构成及分布、城市和人口分布）—协调人地关系的途径"这样的逻辑来组织和编排的。就其中某一具体的内容而言，也具有其内在的逻辑顺序。以"地形特征"为例，首先是地形的类型和构成，其次是主要地形区及空间分布，再其次是地势的起伏和高低变化趋势，最后是特殊的地形。在"自然资源"一节中，内容逻辑通常为"什么是自然资源—自然资源有哪些类型—不同的自然资源有何特点—各种自然资源是如何分布的—各种自然资源利用中存在的问题有哪些—应如何合理利用和保护自然资源"。

在教学内容逻辑构建中，教师要认识到教材只是教学的主要依据，并不是全部。教师需要同时具备学科专业背景和学生认知背景，能够从学科发展和学生认识的双重视角对原有教材内容逻辑进行新情境下的适切性改造，这包括对教学内容的增加、删减、合并或变更。

（四）教学活动逻辑

教学活动逻辑，即课堂教学的推进逻辑。指的是教师在课堂上根据学科知识的特点和学生的学习需求，采用一定的教学策略和手段，有序地组织、推进和管理课堂教学活动的思路和方法。在教学过程中，学生与教学内容之间的矛盾是核心矛盾。解决这一矛盾主要依赖于教师对教学活动环节的设计。每个教学活动由若干认知环节组成，若干个教学活动序列组成教学活动逻辑，与一定目标的教学任务相匹配。课堂推进逻辑主要包括如下几点。

1. 课堂主题的确定

在课堂教学中，教师需要根据学科知识的内容、教学目标、学生的学习需求、学生现有的知识储备，确定符合学科特点和学生认知规律的学习主题，从而减少课堂教学的冗余和过度，提高课堂效率。

2. 对教学主题的阐述和目标解读

在课堂推进过程中，教师首先要对教学主题进行阐述，让学生明白本节课学习研究的主要对象是什么，该对象具有怎样的特征，产生的影响是什么；研究该对象有何意义，用什么样的方法去学习和研究；最终要完成的任务和得出的结论是什么。这样有助于学生带着明确的目标和任务主动参与到学习当中。

3. 教学方法和策略的选择

在课堂推进逻辑中，教学方法的选择对于教学效果的产生十分重要。教师可以根据课堂主题和教学目标，采用不同的教学方法，如讲授、讨论、案例分析等。同时，还要充分考虑学生的认知水平和个体差异，灵活运用教学方法，激发学生的学习兴趣和积极性。仅就教学的策略和方法而言，教师应遵循的教学逻辑如下。

第一，由浅入深、由易到难的逻辑。教师应该首先让学生回顾已有的基础知识，为进一步的学习打下坚实的基础。随后，引导学生在已有知识和经验的基础上逐步深入，让学生学习更加复杂、高级的知识。这种由浅入深、由易到难的逻辑可以帮助学生逐步建立知识框架，提高学习效果。

第二，实践操作的逻辑。理论学习不能代替实践操作，实践操作也不能脱离理论学习。教师应该通过实例引导学生进行实践操作，以加深学生对所学知识的理解。比如，在初中地理教学中，根据学生的认知能力，教师可以采用填一填、画一画、动一动、算一算、议一议、想一想、说一说等方法，以加深学生对所学知识的理解。

第三，启发式的逻辑。启发式教学是一种通过问题引导学生思考和探索的教学方法。教师应该引导学生主动思考和提问，以激发学生的学习兴趣和动力，同时也可以帮助学生更深入地理解所学知识。

4. 教学过程的管理

在课堂推进逻辑中，教师需要充分掌握教学内容和教学进度，采用合理的时间管理策略，确保教学进度的顺利推进。同时，还需要关注学生的课堂参与度和表现，保持良好的互动和反馈，及时纠正学生的错误，并对学生提出具体的建议。

5. 综合评价和反思

在课堂推进逻辑的最后，教师需要对课堂教学进行全面评价和反思。对教学内容、学生表现、教学方法和教学效果等方面进行综合评价，发现教学中存在的问题和不足，及时反思和调整，为今后课堂教学的推进提供指导和借鉴。

比如，在高中地理教学中，教师应该采用多元化的教学方法，在知识讲解、演示实验、案例分析和小组探究等教学环节中切换，丰富课堂内容和形式。同时，要根据课程进度和学生认知情况及时调整教学计划，并对学生课内和课外的习题和作业进行评价和反馈，帮助学生巩固和扩展地理知识，提高自我学习和思考的能力。

总之，课堂推进逻辑是教学活动的主线，它不仅是知识推进的过程，更是学生增强认知能力和提高自身素质的重要途径。

二、教学逻辑的价值追求

通常说，教学有法、教无定法、贵在得法。这里所说的"法"具有双层含义，一是教学必须依据国家课程标准要求；二是教学一定要把握教学的规律，即教学逻辑。因此，研究教学逻辑不仅是教师专业发展的要求，更有助于促进学生思维发展，更好地落实学科核心素养。

（一）促进教师教学思维的优化

学生知识学习的过程本质上是对意义的建构过程，学生能否顺利、高效地实现意义建构，很大程度上取决于教师能否按照知识的发生发展逻辑进行引导和启发。教师教学能力的核心是对教材的解读能力和对学情的把控能力，其实质就是教师对教学逻辑的认知能力。实践证明，很多时候学生之所以在课堂上学得轻松、学得积极、学得高效，就是教师能够按照知识的发展逻辑和学生的认知逻辑，引导学生从一般到特殊，或从特殊到一般，或从特殊到特殊，或从现象到本质、从过程到结论、从原因结果，由浅入深、环环相扣、层层递进地展开推理、归纳、分析。因此，认识和掌握教学逻辑，有助于促进教师教学思维的优化，从而确保教学过程的有效性、教学行为的合理性、教学体验的丰富性，提高学生学习兴趣和参与教学的积极性与主动性。

（二）促进学科多元教学价值的达成

任何一门学科的教学价值都具有丰富性。学科教学的价值不仅在于知识的获得、能力的形成，还在于学习方法的获得、学习体验的丰富以及情感、态度、价值观的建立。理想的教学逻辑，能够通过合理有序的教学内容与教学活动序列的设计与实施促进学科多元教学价值的达成。

（三）促进学生有意义学习的实现

奥苏贝尔（David P. Ausubel）提出的"有意义学习理论"指出，学生是否具有"意义学习的心向"是判断有意义学习的前提。而"意义学习心向"产生的条件在于学习能否在新旧知识之间、知识与生活之间、知识与个人之间建立联系，调动学生主动学习的积极性。

正如佐藤正夫教授所言："要有效地展开教学过程，一个首要条件是儿童对学习的认识兴趣与智力积极性。而这种认识兴趣与智力积极性只有在和儿童已有的经验、知识、能力相联结，并提出新的学习课题与问题时，才能发挥最大的诱发力。"

教学逻辑通过新旧知识之间、客观世界与自身之间、未知世界与已知世界之间、客观世界与生活之间多重关系的建立，使教学过程不再是学生简单占有知识结论的过程，而成为学生不断参与、主动建构，并不断获得新意义的过程。

（四）促进学科结构向学生认知结构的有效转变

学科结构是由诸多科学事实、概念、原理、定律等按照一定的联系和方法构成的逻辑体系。学科结构反映了学科知识发生的顺序和规律，然而逻辑上单纯的内容未必就是教学论上单纯的、易于学习的内容。教师在教授学科知识的过程中，如果只是从学科专业背景的视角，而不能从学生的视角去设计或组织教学，学生则只能获得抽象形态的符号化知识和相对封闭的知识体系。

对于教师来说，学科结构是教师进行教学设计或教学实施的可能起点，而学生发展状态是教学设计或教学实施的现实起点。学生的实际发展水平可能超前或落后于学科结构中相应知识点的要求，教师要根据学生发展状态决定教学的知识起点、层次和相应的教学活动序列，促进学科结构向学生认知结构的转变。

（五）有助于培养学生形成专家思维，促进学科核心素养的达成。

深度学习强调在学习过程中培养学生形成专家思维，教会学生像专家一样思考。何谓专家思维？用通俗的话讲，就是专家的思维方式或专家的思考模式。

专家的思考模式一般有三个特点：一是善于把问题还原到原点去思考，从原点出发，探究问题的本质；二是善于按照一定的逻辑关系探寻问题的关键元素；三是善于在大的背景下进行综合性、一体化思考。

教会学生"像专家一样思考",就是要教会学生不仅要掌握结论性知识,还要学会像专家一样追问"结论是如何产生的",弄清楚为什么、如何变化、有何意义,蕴含了怎样的思想方法、价值观念,将学科知识结构化。当学习者掌握了结构后,才有可能理解知识所蕴含的意义,把学到的新知识嵌入自己的经验,变成自己的自然范畴,如此,学生才会学得更为积极主动,对知识的记忆也会更为持久。也才能够在现实世界中灵活运用所学知识,创造性地解决问题。

三、对高中地理教学的启示

(一)遵循学科的知识逻辑,体现学科本质

人类生存的地理环境是一个综合体,地理学科的知识体系是根据地球在不同方面或因素下的不同特征进行分类的。这些因素和特征包括地貌、气候、生态、人口、经济等多个方面。地理学科的知识结构应建立在不同因素之间的相互联系和相互影响的基础之上,体现综合性特点。因此,教师在课堂中应该注重引导学生形成系统思维,让学生通过了解这些因素的基本概念、特征、相互联系和相互作用,建立起完整的地理知识框架,从而更好地理解地理环境的综合性和复杂性。同时,在每个学习单元中,教师需要掌握各个知识点之间的递进关系,按照知识难度和逻辑关系进行讲解,引导学生从简单到复杂、从具体到抽象地掌握地理学科的知识体系。除了知识体系的建立和递进,地理课堂的知识逻辑还应该注重学生对地理知识的概念整合和概念拓展。通过对地理概念的分析、对比和拓展,帮助学生形成概念系统和认知模型,发展学生综合思维能力。

地理学科的知识面极为广泛,其中的知识点很多,不同地方的地理特征也不同。因此,需要将其划分成不同类型、不同尺度的区域认识其地形地貌、气候条件、自然环境、人口变化等情况。此外,为了保证地理知识的教育价值,教师必须实现各个知识点之间的联系和一致性,以确保学生能够建立起"人类活动与地理环境协调统一"的观念。

(二)遵循学生的认知逻辑,基于生活经验

高中阶段的学生已经具备了一定的认知能力和自主思考能力,在地理课堂中,教师应该充分利用学生的认知特点,从学生已有知识和生活经验出

发，采用启发式和探究式的教学方法，让学生通过实地考察、数据分析、图表比对等交互性强且充满趣味的方式，深入探索地理事物和现象的动态变化、时空差异。这些方法的实施应逐渐适应学生的知识状态和水平，让学生遵循所学课程的逻辑进行思考，并根据自身的认知特点和解决问题的能力来完成课程内容的理解和评价。

在教学中，教师可以将课程重点与学生的日常生活联系起来，采用现代化教育技术创设近似真实的学习情境，提供更具象、更连贯的体验性学习方式。例如，让学生在不同地区进行实地考察、调查或模拟决策过程，使之感受到地理知识对日常生活的影响和应用，从而激发学生主动参与探究的兴趣和热情，深化对知识的理解，更好地实现学生学习能力和思维能力的提升目标。

在大量的学习任务和知识点中，教师也需要关注知识点的深度和难度，循序渐进地进行教学，让学生更好地认识问题的全貌和复杂性，并能够深入探究问题的内涵与应用，感受并理解知识的真正意义。

（三）遵循教学的推进逻辑，体现主体地位

学生是课堂的主人，课堂教学一定要围绕学生的"学"展开。因此，课堂教学的推进首先要让学生尽快进入到学习的状态，并能清楚地知道本节课要学什么、怎样学、学到什么程度。其次引导学生系统回顾已有知识和经验，为新知识的建构做好必要的铺垫。在此基础上，创设一定的学习情境，提出要研究和解决的问题，让学生运用已有知识和经验展开自主探究。在探究过程中，教师通过不断增加或改变要素、追问等方式，引导学生进行深度思考、交流讨论，最终形成解决问题的新方案，完成意义建构，并促进学生思维发展。

地理课堂的推进逻辑因教学内容的不同而有所不同。但必须遵循的基本逻辑为：组织教学—回顾旧知—创设新情境—提出新问题—呈现新课题—明确学习目标、方法—展示学习材料、需要完成的任务和方法—展开自主或合作学习—分享学习成果—达成教学共识—完成归纳总结—促进知识迁移。

问题是教学的逻辑起点。基于理解的教学推进逻辑一定是以具体的情境为依托，以启发性问题为切入点，引导学生围绕问题解决，通过对具体案例、资料的阅读、分析、讨论、交流，总结出案例所蕴含的原理、观念和方

法，并运用得出的结论对相似性问题做出解释、阐明，或提出解决措施。因此，问题的设计和案例选择往往决定教学的推进逻辑以及目标达成的效度。

（四）遵循教学的评价逻辑，增强针对性

教学评价是教学逻辑的重要组成部分。教师应当采用合理的评价标准，对学生的学习成果进行全面和权威的评估，判断知识传递和掌握的程度。

教学评价是整个教学过程的反思和总结，应伴随课堂教学的全过程，并做到"教—学—评"一体。在教学过程中，教师可以采用问题式教学，利用互动、问答等方式来对学生表现进行评价，并根据评价结果及时调整"问题链"和教学策略。而在非课堂时间，可以依据科学有效的评价标准，设计不同难度和类型的测验、课堂作业进行评价。在评价过程中，教师应该遵循"全面、客观、科学"的标准，关注学生知识掌握、综合素质、思维品质和现场表现等方面。通过不同方式的评价，教师可在后续的教学中针对存在的问题和表现，制订因材施教的教学计划，采用针对性教学方法，实施差异化教学，帮助学生不断完善思维结构，提升认知水平和思维能力。

综上所述，高中地理课堂教学需要呈现出学科知识逻辑、学生认知逻辑和教学评价逻辑的一致性。教师需要掌握地理学科知识的体系和递进关系，通过启发和探究式的教学方法，引导学生逐渐建立起完整的地理知识框架，从而能够更好地理解地理学科的复杂性和综合性。同时，在教学过程中，教师需要根据学生的认知特点和思考模式，使用各类方法测量学生的认知能力和思考水平，并针对不同水平的学生进行目标规划和差异性教学。最后，教师应采用全面客观、科学有效的评价方式，全面提升学生的认知水平、能力和综合素质。

课堂教学教师必须牢固树立的"四个意识"

中共中央、国务院《关于深化教育教学改革全面提高义务教育质量的意见》（2019年6月2日）关于提高智育水平，明确提出"着力培养认知能力，促进思维发展，激发创新意识"，并强调，"严格按照国家课程方案和课程标准实施教学，确保学生达到国家规定学业质量标准。充分发挥教师主导作用，引导教师深入理解学科特点、知识结构、思想方法，科学把握学生认知规律，上好每一堂课。突出学生主体地位，注重保护学生好奇心、想象力、求知欲，激发学习兴趣，提高学习能力"。课堂作为学科育人的主阵地，是培养学生认知能力、促进思维发展、激发创新意识的重要途径。"上好每一堂课"是最基本的要求，为此，教师必须牢固树立"四个意识"。

一、课标意识

即教师要严格按照课程标准开展教学。课程标准是国家关于课程教学的总纲，不仅规定课程性质、课程理念、课程目标、课程内容、学业质量和课程实施等，是教材编写、课程教学、考试评价、课程实施管理的直接依据。所谓直接依据，也就是刚性要求。即国家和学校组织的关于课程实施的一切活动都必须依据课程标准，教科书必须依据课程标准编写，教学必须依据课程标准展开，考试评价必须依据课程标准命制试题。

可以说，课程标准是带有法规性质的课程活动纲领和准则，从课程的视角具体、真实地回答了教育学的核心命题，即"培养什么样的人，怎样培养人"（培养学生什么素养，用什么内容、什么路径来培养）的问题，是一门基于课程的教育学。从学习的角度来说，课程标准完整地回答了学习的三个重要问题：学什么、怎么学、学会什么。从教育的角度来说，课程标准回应了教育的三个核心问题：用什么培养人（教学内容）、怎样培养人（教学活动）、培养到什么程度（学业质量）。

教师教学必须遵循课程标准，教学目标的确定，教学内容的选择，教学方法的运用，教学活动的设计、教学结果的评价等都应严格依据课程标准展开，教学既不能无视课程标准、完全凭个人经验或已固化的教材知识内容来进行，更不能随意歪曲课程标准。唯有如此，才能将学科课程所要培育的核心素养落到实处，体现课程独特的育人价值，形成清晰、有序、可评的课程目标，才能促进学生学习方式的根本转变，实现"教—学—评"一致性。

二、学科意识

所谓树立学科意识，就是学科教学一定要体现学科的本质、性质、特点和思想方法。不同学科因其研究的对象不同，学科的思维方式、研究视角、学习方式不尽相同，其教学方式方法也必然存在差异。

比如，数学学科注重逻辑思维和数学建模，语文学科注重语言的积累与应用，理化生学科注重实验探究和理性思维，历史学科注重史料分析与实证，思政学科注重摆事实、讲道理。

又如，地理学是一门研究地理环境各组织要素形成、演化、分布规律及其各要素相互影响、相互制约所形成的地理环境特征如何影响人类活动的边缘学科，兼具自然科学和社会科学的性质。学科内容贴近生活，关注自然与社会，体现综合性、区域性特点，并具有很强的实践性，对培养学生的人地协调观、综合思维、区域认知和地理实践能力具有重要的价值。

正因为地理学科兼具自然科学与社会科学的性质，这就要求地理教学既要注重运用自然观察、实验设计、数据统计与分析、科学建模、逻辑推理等自然科学的研究方法，也要注重运用社会调查、史料实证、综合分析等社会科学的研究方法。

正因为地理学科是一门以研究地球表层地理环境的空间差异及其与人类活动关系为对象的学科，因此，运用和借助地图、开展地理实践活动就成为地理教学的一大特色。同时，由于人类生存的地理环境复杂多样，人们只有将其划分成不同空间尺度、不同类型的区域，才能把握其各自独特的环境特征及其空间分异规律。因此，地理教学一定要突出"空间—区域"的认识视角。

正因为地理学科具有综合性特点，这就要求在分析地理现象和认识地理事物时，一定要从多种地理要素（自然、人文）相互联系、时空变化的角度，系统、动态、辩证地看待问题，体现综合思维。

正因为地理学是研究地理环境及其与人类活动关系的科学，这就要求地理教学不仅要帮助学生认识地理事物和现象的状态、特征和分布，还要让学生能够理解影响其形成和分布的因素，同时还要让学生思考相同的地理事物还可能分布在哪里，对人类活动会产生怎样的影响，人类活动应如何趋利避害……可见，学科教学只有体现学科的特点，遵循学科的思维方式，才能凸显学科独特的育人价值。

三、规则意识

所谓规则，就是教学应遵循的规范和原则。我们知道，教学工作属于专业技术范畴，因此，一定要讲究规范，并遵循相应的原则。什么是教学的规范？教学规范就是对教师教学行为和教学流程的规定范式。

随着课程改革的不断深入，新课堂教学模式层出不穷，但教学应该遵循的基本规范不应该被"摒弃"。如，组织教学、目标导向、问题引领、任务驱动、学为中心、讲练结合、课堂小结、作业布置、个别辅导、课堂检测等。同时，教学也应该遵循一定的原则。如，科学性与思想性相统一的原则、理论联系实际的原则、直观性原则、启发性原则、循序渐进原则、巩固性原则、发展性原则、因材施教原则、生成性原则、理解性原则、平等性原则、实践性原则等。俗话说，没有规矩不成方圆。同理，教学如果不按一定的规范和原则进行，教学活动的组织性、有序性、高效性、教育性就很难得到保证。

四、学生意识

学生是学习的主体，教学的根本目的就是要让学生爱学、会学、学会。没有学生主体真正参与的教学，其教学效果必然大打折扣。

所谓学生意识，就是教师一定要将学生放在教学活动的中心位置，教学设计要关注学生的学情，即学生已有的知识和经验、学生的可接受能力、学生的认知方式和学习能力、学生的兴趣和学习需要、学生的思维习惯等，要找准学生的"最近发展区"；教学方式的选择要符合学生的认知水平，体现由浅入深、由易到难、由直观形象到言语抽象、由现象到本质的思维发展逻辑；教学语言的运用要通俗、风趣、生动、幽默，要尽可能简洁明了、富有感染力；教学方式设计要符合学生的心理发展规律，既体现合作性、参与性、活动性，又有利于引导学生动口、动脑、动手，鼓励学生敢于质疑，勤于思考，乐于交流；作业设计要体现基础性、层次性、发展性、个性化、生活化。

总之，教学一定要将"学"落到实处，教师不能只做知识的讲授者、技能的示范者、秩序的维护者、结果的评价者，要成为学生学习的设计者、组织者、指导者、评价者，要带着学生一起学，督促学生共同学，成为与学生共同完成学习任务的合作者。

课堂教学的基本环节

　　课堂教学具有其特定的规则和逻辑，教学如果遵循这种规则和逻辑，课堂就会显得井然有序，环环相扣，紧凑完整；否则，就会给人掐头去尾、不知所云、平淡乏味的感觉。本人从事教学工作30多年来养成了一个习惯，就是每一节课都严格按照教学的基本流程和规则来操作，反对无组织教学、无新课导入、无交流互动、无课堂小结、无作业布置的"五无"课堂。自担任教导主任和教学副校长以来，我就一直在不同学校反复强调：课堂教学一定要树立规则意识，一定要遵守课堂教学的基本逻辑。那么，什么是课堂教学的规则？个人认为，所谓规则，就是课堂教学应遵守的基本环节。一般的，课堂教学应包括六个基本环节：组织教学、复习提问、导入新课、学习新课、课堂小结、布置作业。下面就每个环节的功能和操作方法加以分析探讨。

一、组织教学

　　组织教学包括上课前的学生学习状态调整，也包括上课中老师对学生学习（听讲、参与教学活动）状态的监控与调整。课前的组织教学有集中学生注意力、激发学习状态的作用，教师通过目光注视、师生问好、考勤等让学生身心由课间放松状态进入上课状态。

二、复习提问

　　复习提问的目的首先是引导学生结合问题对所学内容进行回顾再现，既有助于学生对已学知识的记忆，也便于新知识的学习；其次是通过复习提问可以培养学生养成课后及时温习的良好习惯；再次，通过复习提问有利于学生在新旧知识间建立起联系，建立完整的知识结构。对于复习部分，要精心设计复习内容和问题，要体现目的性和针对性。

三、导入新课

导入语是一节课开始时教师导入新课的话。导入语如同一场晚会演出之前的主持词，对一节课而言，导入语具有引起学生注意、激发学习兴趣、营造愉悦氛围、引发学生思考等多种功能，因此，设计好一节课的导入语，可以为整节课的顺利进行打下良好的基础。

（一）导入语的作用

1. 集中学生注意力

注意是一种心理特性，任何心理过程的发生和进行都离不开注意的伴随。上课开始时，妙趣横生、机智幽默、生动形象的导入语，可以把学生的注意力迅速集中并指向特定的教学任务和程序中，使学生专注于教学活动，集中注意力，为转入学习的兴奋状态创造条件，从而为完成新的教学任务做好心理上的准备。

2. 激发学习兴趣

兴趣是最好的老师，只有当学生对学习内容产生浓厚的兴趣时，才会产生探究的欲望，而不仅仅为了学习而学习。导入语可以采取出人意料的形式，如学生熟悉的生活场景、日常的所见所闻、生活实际等，看似与本课毫无关联，但通过教师的引导，不仅抓住了学生的眼球，而且成功地实现了学生注意力的转移，激发学生进一步学习探究的主动性。

3. 创设学习情境

运用导入语，描述一幅画面，或创设一个情景，让学生身处其中，尽快进入教学的主题。

4. 调动学生情绪

有经验的教师会在导入时主动和学生进行心理沟通，活跃课堂气氛，创造和谐、愉快的课堂氛围，使学生在心理上接受老师，在快乐中展开学习。

教师如果紧扣教学内容以趣事开讲，就能直接引发学生的学习兴趣，诱使学生一开始就进入"乐学"境界，从而使难懂的知识变得易学，使枯燥的内容变得有趣。

5. 引起学生思考

在明确学习目标的基础上，带着问题去学习是最好效的方法，因此，好的导入语还应引起学生的思考，促使其主动寻求答案，进行探索式学习。

6. 衔接新旧知识

在学习的过程中，设计的导入语将两节课的教学内容相联系起来，在进入新课的学习之前帮助同学回忆旧课知识，从上一堂课的内容出发，找到两节课内容的关联性，既可实现温故知新的目的，又能自然地引入新的知识，建立起旧知识与新知识之间的联系。

7. 明确学习目的

在导入的时候教师通过概述新课的主要内容及教学程序，明确学习的目标和要求，引起学生思想重视并准备参与教学活动，有助于学生对学习内容、方法、要求做到心中有数，起到"课伊始，意亦明"的效果。

（二）导入的基本要求

1. 要充分发挥导入环节的作用

导入语要求能够激发学生的学习兴趣；调动学生情绪；集中学生注意力；创设学习情境；引发学生思考；衔接新旧知识；有助于学生明确学习目标。

2. 导入语应尽量规范简洁

既要考虑课堂教学的整体功能，也要考虑课堂教学时间。导入的时间不宜过长，一般为1到3分钟，最长不要超过5分钟。这是因为导入语并不是课程本身，而是新课程的引入。

3. 导入语应具有较强的针对性

导入语的设计要以教学内容为基础，针对教学内容的实际需要设计导入形式和导入语，同时也要考虑学生的生活实际和学习进度，挑选合适的案例。导入语在逻辑和操作方向上，要与教学内容有内在的逻辑联系，与教学主题的吻合度高。

4. 导入语要新颖、巧妙，语言精练，有吸引力、感染力

导入语要新颖多样才能吸引学生，新颖往往能出奇制胜，取得较好的教学效果。

5. 导入语要准确

导入不能随意，要注意课堂的严肃性。切忌说一番与教学内容无关的问题。

（三）常见的导入方法

1. 情境导入法

教师根据不同的教学内容，设置不同的教学情境，使学生有一种身临其境的感觉，以激发学生学习积极性为目的的方法。

例如，在讲"巴西"时，有位教师这样设计课堂导入：

巴西每年都要举办盛大的狂欢节，这一天，数十、百万人涌上街头，人们穿着节日的盛装载歌载舞。巴西是伦巴舞的故乡，也是世界著名的"足球王国"，就连他们的足球也被誉为艺术足球。

话一讲完，学生的兴奋点受到刺激，思想立刻就飞到了巴西，为学习新课奠定了基础。

2. 解题导入法

从分析标题入手，引导学生接触教材的中心内容。解题导入法，一般用于阅读文章的课堂，对培养学生的阅读能力，激发学生学习的兴趣有十分重要的意义。

例如，在讲解"看云识天气"一课时，教师先在黑板上不动声色地写下了课题，然后问以下问题。

师：看到这个题目之后，你得到了哪些信息？

生：题目说明了云和天气之间有一定的关系，我们可以通过观察天空中各种云来识别天气状况。

通过解题，学生一下就明确了本课的内容，并对本节课有了一个整体、直观的认知。

面对有歧义的课题，教师引导学生进行分析，以勾起学生探究的欲望，为下面的教学做好了铺垫。

3. 设置悬念导入法

教师针对学生强烈的好奇心，巧设问题，造成悬念，一下子抓住学生的注意力，进而激发学生的好奇心和求知欲，导入新课学习。

例如，在学习"洋流"一课时，有教师就讲述了这样一个故事：

几位秘鲁青年在一次从秘鲁乘船经太平洋至埃及的旅行活动中，发现了两个非常奇怪的现象。一是在靠近赤道附近的科隆群岛上看到了南极才有的企鹅，它们在水中寻觅食物和繁殖；二是12月份到达北印度洋时，在没有人为增加动力的情况下，他们发现船速突然加快了，并得到了船长的确认。企鹅是怎么来到科隆群岛的？船速为什么会自动提速呢？背后的原因是什么呢？今天我们就带着这两个问题一起学习第三章第三节《海水的运动》，并从中来寻求答案吧。

学生的学习兴趣和探究欲望一下就被调动了起来。

4. 讲述故事导入法

故事导入法是教师把与要讲的课有关问题编成一个故事，用故事来吸引学生的注意力，引起学生学习兴趣的方法。

例如，在讲授"东南亚"一课时，有教师就讲了这样一个故事导入：

有一个人名字叫老万，有一天，他要越河去捡（柬）金子，可是他选错了交通工具，他是骑着绵（缅）羊（仰）去的，绵羊走得太（泰）慢（曼）了，结果金子没捡到。

师：谁知道这个故事里提到哪些国家的名字？谁能在地图上找到这几个国家，这些国家所在的地区叫什么？今天我们一起来认识这个地区——东南亚。

这样，学生的兴趣一下子就被诱发了。

结合课题内容适当地引入一些与教学相关的故事，往往能激发学生学习的兴趣。故事对于学生来说有着一种特殊的魅力，以此法导入，学生的注意力高度集中，入境极快。

5. 历史背景导入法

地理作为自然科学和社会科学属性兼具的学科，其部分知识难免与历史事件产生联系。使用历史事件进行导入，讲解历史背景，有助于学生加深对课堂知识的理解，并建立浓厚兴趣。

比如，在学习"中国人口迁移"一课时，可以问学生有没有听过或看过"闯关东""走西口""下南洋"这样一些说法或与之相关的书籍、影视剧，知不知道这些说法与哪些历史事件相关联。接着，老师就可以借助图片向学生分别讲述"闯关东""走西口""下南洋"的历史背景，为接下来学习中国人口迁移的方向、原因做了很好的铺垫。

6. 引用导入法

教师可以引用与教学内容相关的名言警句、诗词、成语、歇后语、对联、典故或广告来导入新课，激发学生的兴趣。这样的例子在不同的学科教学中都有很多，也经常被地理教师在课堂教学中采用。

例如，有老师在讲"水循环"时，一上课就吟诵"君不见，黄河之水天上来，奔流到海不复回"；在讲"陆地水的相互关系"时，会引用人们常说的"井水不犯河水"；在讲"季风区和非季风区"时，一上课就会吟诵"黄河远上白云间，一片孤城万仞山。羌笛何须怨杨柳，春风不度玉门关"；在讲授"地形对气候的影响"时，会引用诗词"人间四月芳菲尽，山寺桃花始盛开"；在讲授"地形的变化"时，会引用成语"沧海桑田"等。恰到好处地用一些诗文做课堂导语，不但能够渲染一种诗情画意的典雅气氛，而且能创设"先声夺人"的审美情境，让课堂教学充满诗情画意，体现出鲜明的抒情格调，让学生接受美的熏陶，这种熏陶不仅有利于学习本身，而且还有利于学生心灵与人格的健康发育。

7. 新旧知识联系导入法

教师通过各种复习旧知的活动，为学生学习新知提供支撑。讲授新课时，首先复习以前所学的知识，并在此基础上提出问题。这对于教学来说是十分常用的方法，能起到温故而知新的效果。

例如，在学习"风带与气压带"一课时，设计的导语为：

上一节我们学习了"大气的水平运动和近地面风的形成"，请同学们先来回顾以下三个问题：大气做水平运动的根本原因是什么？引起大气做水平运动的直接原动力是什么？这个力的大小、方向如何表示？除此之外，大气水平运动还要受到哪些力的作用？它们又分别对空气的运动产生怎样的影响？（学生思考、回答）好！今天我们就借用这些知识来一起推演和分析地球上大范围、有规律的大气运动是怎样形成和分布的。（教师板书课题）

8. 谈话导入法

教师运用谈话的方式与学生交流，把同学们当朋友，在你一言我一语的交流中引入要讲的课。这种方法较好地体现了"学生是教学行为中的主体"这一新课程理念。教师在与学生交流的过程中，可以及时地把握学生的思想动态，进而顺利地完成情感、态度、价值观的教育目标。

例如，在学习《工业的区位选择》一课时，老师这样设计导入：

师：最近，我们听到某某省提出了"工业强省"战略，我想问问同学们，有谁的理想是将来做一名优秀的企业家，以发展实业来报国？

生1：我，我的理想就是做一名成功的企业家。

生2：老师我也想做企业家，制造更加物美价廉的智能手机。

师：非常好呀！要想富强，就得发展工业。假如你将来真的打算投资一个生产智能手机的企业，你会选择在哪里投资建厂？要投资建设这样一个企业，你会考虑哪些因素呢？

生2：我会选择在北京投资，因为北京科技教育发达，人才多。

生1：我会选在杭州，因为杭州的信息产业比较发达……

师：投资建厂你还需要考虑土地、工人工资等生产成本，可这些地方寸土寸金，人员工资是很高的哦，你有没有考虑到？好了，刚才我们讨论的问题其实就是我们本节课要学习的课题（板书：工业的区位选择），下面我们就带着这些思考走进今天的学习。

9. 设疑导入法

设疑导入就是抓住学生的好奇心强这一心理，在教学过程中为引入某疑难问题或一节课的难点而设置的。采用这种导入语，可以激发学生的求知欲，能收到很好的课堂效果。但设疑有一定讲究，提出的问题要匠心独具，具有独创性、科学性、规范性。如果教师在课前就紧扣教学内容设置悬念，提出疑问，且语调、语势、语音都很讲究，能紧紧抓住学生的好奇心，无疑，将为后面的学习打下良好的基础。

例如，在学习"大气的受热过程"一课时，导入语可以这样设计：

在日常生活中，同学们都会有这样的经验，那就是一天中气温最高的时候是白天，太阳落山后，气温马上就会降下来；白天多云时气温不会太高，夜间多云时气温不会太低；通常情况下，海拔越高的地方气温反而越低。这是为什么呢？

10. 游戏导入法

设置与课堂教学有关的游戏导入新课，较好地体现了寓教于乐的这一教学理念，可以激发学生的学习积极性，引发学习兴趣，调动课堂气氛。

例如，在学习"两极地区"时，教师采用了擂台赛与评奖的方式进行导入，把全班分成两个小组（企鹅组和北极熊组）比眼力、比才气、比见识、比视野，然后提出要求：读地图、指地图、回答问题。每次每组出一人答题，答对一题计1分，答错不扣分，最后得分多者所在组每名同学各计10分，两个组答题最多的两位同学将获得老师专门准备的奖品。有了竞争做动力，学生的积极性空前高涨，既锻炼了他们的胆量，又增强了他们的集体荣誉感，还活跃了课堂气氛。

11. 直观导入法

直观导入法是教者借助一些辅助手段，如挂图、录像、投影、板画、实物等进行导课。讲课起始利用这些手段，给学生留下初步的整体印象，目的是激发学生的兴趣，启发学生主动学习。直观导入法能吸引学生的注意力，调动他们学习的积极性，也有利于培养学生的观察能力和思维能力。

（1）图片导入法。例如，学习"地球表面形态"一课，教师便用课件的方式出示了几张反映不同地貌形态的景观图片，先让学生感受地球表面类型多样、千姿百态的地表形态，然后向学生提出问题：

这些形态各异的地表形态是怎样被塑造而成的？塑造它们的神奇力量分别来自哪里？它们都主要分布在哪里？今天我们走进大自然，一边欣赏锦绣山河的多姿容颜，一边去揭开蕴藏在它们背后的神奇力量。

（2）实验/实践导入法。指教师采用简单直观的实际操作手段激发学生学习兴趣的一种方法。该方法简练直观，适合理、化、生、地等学科教学，尤其是物理、化学学科更是必不可少。地理学科的很多现象也可用实验进行导入。例如，洋流、热力环流、水土流失、水循环、海陆热力性质等地理现象的产生。

（3）视频导入法。运用媒体播放与授课内容相关的视频录像，能让学生有身临其境的感觉，可以充分调动学生的学习积极性，提高教学质量。例如，在学习"自然灾害及其防治"时，老师可以利用反映地震、火山喷发、泥石流、滑坡、沙尘暴、台风、暴雪、洪涝等的视频资料，让同学们身临其境地直观感受自然灾害的巨大威力和造成的直接损失，引起学生强烈的学习欲望。

（4）教具导入法。教具导入法能把抽象的知识，通过演示教具形象、具体、生动、直观地展现出来。例如，地理老师在讲褶皱、断层、地球仪、黄赤交角、等高线、不同地形类型、化石与地层等知识时，可利用自制的或地理实验室的教具向同学们演示，以引起同学们的注意，为概念建构奠定基础。这种教学方法，使学生印象深，容易理解，记忆牢固。

（5）实物演示导入法。实物能加强教学的直观性和形象性，新课之前，出示与课堂内容有关的实物，导入自然，易于理解。例如在学习有关矿物与岩石、土壤、化石等知识时，可利用地理教室已有的实物标本导入新课的学习。

12. 歌曲导入法

通过播放与该课内容相关的歌曲来导入，能让学生在轻松的教学氛围下对新课产生吸引力，同时，歌词的内容也可辅助教学。

例如，在讲"长江"一课时，播放歌曲《长江之歌》，"你从雪山走来，春潮是你的风采；你向东海奔去，惊涛是你的气概。你用甘甜的乳汁，哺育各族儿女；你用健美的臂膀，挽起高山大海。我们赞美长江，你是无穷的源泉；我们依恋长江，你有母亲的情怀"。倾听着这雄壮的歌曲，欣赏着长江的磅礴气势，让学生的身心遨游在雪山、大海之间，感受着长江所蕴藏的巨大能量和带给两岸人民的恩惠，不仅激发了学生对长江的情感，也充分调动了学生的学习积极性。

13. 随机导入法

随机导入是指在教学过程中，教师根据现场情况（如教室环境、学生情况、天气季节、见闻、新闻等等）与新课内容的联系，随机应变地设计导入的方法。

例如，在学习"天气"时，老师可结合当天的天气情况做一个天气报告，并对第二天的天气做一个预报，然后顺势问同学们：你们平时关注天气吗？主要关注哪些方面？为什么会关注天气呢？通过这样的对话很自然地就完成了新课的导入。

14. 情感导入法

日本心理学家泷泽武久用大量的实验结果表明：一旦学生对学习失去感情，则学生的思维、理解、记忆等认识机能就会受到压抑和阻碍。语言是表达感情的主要手段，在教学中，教师可以用优美、生动的语言，通过富有感情的朗诵，把学生带入教材内容的情境。

15. 小品表演导入法

小品表演导入法即把要学的课文内容经过事先简单排练后，请2～3位具有一定表演才能的同学上台将课文内容通过小品表演的形式表现出来。此举有助于加深学生对课文情节的理解。

例如，某教师在讲解"世界人种、语言和宗教"之前设计了这样一个小品：

某国际学校为加深人们对于文化多样性价值的理解，并了解如何更好地相处，在5月21日，也就是"世界文化多样性促进对话和发展日"当天举办了一场世界文化沙龙，邀请来自不同大洲和国家的小朋友向同学们介绍自己国家的文化（语言、饮食、节庆活动）。

将参与表演的同学分为三个小组，分别代表黑种人、白种人、黄种人。请他们提前准备相应人种占人口多数的国家的资料，排练表演不同的礼仪和传统节日等特色民俗文化，上课前向同学进行展示。在同学们的掌声鼓励中，老师顺势导入：大家看到的这个精彩小品其实就是我们今天要学习的课程——"世界的人种、语言和宗教"。

16. 谜语开门导入法

谜语是人们喜闻乐见的一种文学形式。它以各种隐蔽真相的方法将答案藏在字里行间。

例如，学习"中国行政区划"一节中关于中国省级行政区的名称时，借用地理谜语，如"船出长江口、银河渡口、双喜临门"分别打一我国直辖市名称（上海、天津、重庆）。学习世界的国家时，也可以通过猜谜语引出相应国家的名称，如"江山秀丽"，打一国家名（美国）；"今天"，打一亚洲国家名（日本）；"颜料展览"，打一亚洲国家名（以色列）；"灰尘吹来"，打一非洲国家名（埃及）。

与地理名词相关的谜语很多，教学时以猜谜的方式导入新课教学，不仅能够激发学生的学习兴趣，而且能够让学生加深印象、记忆巩固。

四、学习新课

学习新教材是教师指导学生学习、掌握新的知识技能与发展智力的重要环节，是课堂教学的核心。学习新内容是整个教学的主干，从整个教学的时间分配来看，它占用的时间最多；从各个教学环节的地位和作用来看，其他教学环节都是为这一环节服务的，因而它的地位最为重要。

在新课程背景下，如何设计并实施好这一环节，不仅反映教师的教学理念，更反映教师的专业能力，在很大程度上也决定着一节课教学的成败。新课教学的形式多样，过程复杂，但总的指导思想和原则是因材施教、以学定教、学为中心、循序渐进；具体要求是目标导向、突出重点、问题引领、任务驱动、自主学习、合作探究、教师引导、主动建构、及时评价。在新课教学中，要着力改变以讲代教、以听代学、泛泛而谈、形式单一、缺乏互动、被动学习、思维缺失、强迫记忆、满堂灌式的教学样态，根据指导思想和具体要求设计互动性强、学生参与度高的教学流程。新课教学的流程通常可划分为：布置学习任务—呈现学习素材—明确学习方式—指导学生学习—分享交流成果—深研细读重点—进行归纳总结—完成板书设计。当然，具体采用什么样的方法和流程，可根据具体教学内容灵活应变。下面需要重点介绍的新课教学方法如下。

（一）任务型教学

把需要学习的内容设计成一个个任务，让学生在教师的指导下，通过读一读、画一画、量一量、填一填、算一算、试一试、想一想、议一议、说一说、写一写等实践活动，在完成相应的学习任务的同时，生成新的知识和经验。

（二）问题式教学

问题式教学以"问题发现"和"问题解决"为要旨。问题式教学，设计"问题"是基础。"问题"的设计一要依托情境；二要与学生的认知水平和知识基础相契合；三要设计不同层次的问题链条，注重知识间的内在关联性，并将所学内容有逻辑地整合成可操作的学习链条。在解决问题的教学过程中，教师应引导学生运用具体学科的思维方式，建立与"问题"相关的知识结构，并能够由表及里、层次清晰地分析问题，合理表达自己的观点。

五、课堂小结

课堂小结是教师或学生在课堂学习即将结束时，对当堂所学知识进行针对性回顾，并提炼与归纳，目的是帮助学生总结重点，理清脉络，从整体上把握知识的基本框架，理解知识间内在的逻辑关系，让知识结构化，从而为知识的巩固和迁移打下基础。好的课堂小结，不仅可以对该节课起到加深和巩固的作用，还可以达到画龙点睛、升华主题、唤起思维、激发求知欲、发挥想象、启迪灵感等良好效果。因此，有经验的教师都非常重视课堂小结，也会精心设计课堂小结，让课堂教学变得有思想、有文化、有深度。常见的课堂小结方法如下。

（一）知识归纳式小结

即在师生合作完成教学任务后，老师引导学生对本节课的重点内容（概念、原理、公式、方法）按照知识之间的联系进行再梳理、再强调、再提炼，帮助学生形成清晰、完整的知识体系，便于学生深度理解和迁移应用。

（二）前后呼应式小结

在新课导入时，有时老师会以一个思考型的问题引发学生的反思、质疑，并顺理成章地进入新知识的探究和学习；或者导入新课时，师生共同提出一个观点、猜想，通过一堂课的活动来验证这个观点与猜想。在课程结束前，应该再回到导入，对问题做出正面、完整的解答，对观点、猜想做出合理和肯定的解释。

（三）自主评价式小结

学生是学习的主体，也是课堂的主人。课堂教学应该给学生足够的时间和空间去体验、思考和感受，同时让学生有机会畅谈他们的体验、感受和收获。学生不仅是接受者，他们也应该对课堂教学、教师和同伴做出评价。在一堂课的最后，老师应把时间还给学生，让他们对课程学习表达他们的疑惑或者收获的欣喜，提出建议和不同见解。虽然在开始阶段，学生往往只会模仿老师进行简单的知识内容的整理，或者很泛泛地谈几句。这时，老师不要气馁，在鼓励他们的同时，可以自己先提一些小问题，请同学们思考，然后谈谈自己对某个教学环节处理的"事后反思"，提出修改意见，也可以谈谈对某名同学的发言或者学习方法的欣赏。时间久了，学生就会自然而然地由简单模仿到有自己观点和表达方式了。

（四）提问总结法

一节课结束后，老师以"提问—抢答"的方式，引导学生通过相互讨论、相互补充，对重点知识进行条理化、层次化梳理，以达到全面、正确掌握所学知识的目的。

（五）比较总结法

当完成一节课的教学任务后，教师可以让学生回忆所学内容与先前所学内容有哪些异同，然后将它们归纳总结出来进行比较。学生在已有知识和经验的基础上学习，较容易掌握有关的新知识，也能在所学知识间建立有机的联系，达到知识的高度概括；或者通过对同一事物不同类型间的比较以确定它们之间的相同和不同，如地理学科中的气旋与反气旋、冷锋与暖锋、冬季风与夏季风、内流河与外流河、暖流与寒流、内力作用与外力作用、发达国家与发展中国家等，从而能够更快、更好地掌握它们。

六、布置作业

老师在完成课堂教学后向学生宣布的需要课后完成的后续学习任务。目的是让学生能够结合课堂所学进行必要的练习和实践，加深对知识的理解，加强记忆。同时，也可以帮助学生诊断学习中的问题，及时查缺补漏，更好地掌握所学知识。

关于"教学目标"的设定

一、什么是教学目标?

教学目标是教学活动所要达到的水平和目的,教学目标对于整个教学活动具有很强的引领性和规定性,是教学活动的出发点和落脚点,没有目标或是目标不正确的教学是无的放矢。美国著名心理学家布卢姆说过:"有效的学习始于准确地知道达到的目标是什么。"

教学目标应包括三个方面,即知识与技能、过程与方法、情感态度与价值观,重点在于挖掘教材的知识价值和能力价值。教材的知识价值,是由这部分知识在整个学科体系中所占的地位决定;教材的能力价值,是指知识本身所含有的对人的能力发展有促进作用的因素,知识的能力价值有隐蔽性,它凝聚在知识中,因而即使掌握了知识,也不一定就发挥了知识的能力价值。通过对教材知识及能力价值的分析,使备课者明确,本节课学生需要掌握或记住或知道的知识内容有哪些,在知识的掌握和形成过程中需要提升哪些认识问题、分析问题、解决问题的能力,以及如何学习和掌握这些知识。教材中隐含的思想教育价值,主要在教学中通过知识传授及学科的发展史等对学生进行恰如其分的辩证唯物主义观点和方法教育,以及通过观察、实践,培养学生的实事求是的科学态度,树立实践是检验真理的依据等观念。

二、教学目标设定的基本要求

教学目标要根据学生基础,符合课标要求,体现文本特点,力求适度、具体、全面,实现三个维度的整合。

（一）适度

就是要符合课标规定的能力要求和教材特点，适合本班学生的水平，学生经过努力可以达成。宁少勿多，宁低勿高，每天进步一点点。

（二）具体

就是用清晰明白的语言描述学生学习行为的变化，可操作，可检测。

（三）全面

就是目标包含知识和能力、过程和方法、情感态度价值观三个维度，相互渗透，融为一体，避免顾此失彼。

三、教学目标设定的维度

确定教学目标要分三步走：解读课程标准—与文本对话—了解学情，可以从以下三个方面来进行整体设计，建立目标体系。

（一）确立知识与技能目标

也就是通过学习要使学生在基础知识和基本技能上达到一个什么标准，要求学生知道什么、掌握什么、学会什么等。

（二）确立过程与方法目标

也就是通过本节课学习培养学生怎样的学习体验和习惯，发展学生哪一方面的能力。学生的能力一般由观察、思维、记忆、想象能力构成，其中思维能力是核心。

（三）确立情感、态度与价值观目标

就是要通过学习使学生在身心发展上，即兴趣、动机、态度、情感、意志、性格、行为习惯、思想道德、世界观、人生观、审美观的发展上达到一个什么标准。

教学目标制约着教学设计的方向，对教学活动起着指导和规定作用，因此，成功的教学就是在教学活动中不仅能准确把握教学目标，并且在教学过程中能紧紧抓住教学目标，而且顺利实现教学目标向学习目标转化。

四、教学目标设定举例

下面，以人教版（2008）普通高中地理必修一第二章《地球上的大气》的第二节《气压带和风带》为例，展示5位教师设计的教学目标。

（一）有关"气压带和风带"的课标解读

课程标准内容要求是，学生能够"绘制全球气压带、风带分布示意图，说出气压带、风带的分布、移动规律及其对气候的影响"。关于本条标准的具体要求为以下几点。

1. 动手：绘制气压带和风带分布示意图，分析大气运动的规律性，培养空间思维能力。

2. 动口：说出气压带、风带的分布、移动规律及其对气候的影响。

3. 动脑：会分析气压带、风带形成和分布、移动的原因以及对气候等的影响。

分析：本条标准关注全球性大气环流及其对气候的影响。全球性大气环流既是太阳辐射对地球影响的结果，也是地球运动的结果，更是自然环境中物质运动和能量交换的重要形式之一，对地球上气候的形成和分布，甚至自然地理环境的形成和发展有着重要的作用。

全球有7个气压带和6个风带，它们的形成和分布规律可通过三圈环流来说明。理解三圈环流需要掌握两个基础知识点，一是大气热力环流，二是风的形成。形成风的直接原因是水平气压梯度力，近地面的风向是气压梯度力、摩擦力和地转偏向力共同作用的结果。标准关注的是地球表面的气压带、风带的形成，对于三圈环流中高空的气压和风向不做要求。三圈环流是假设地球表面均匀情况下的理想模式，实际上气压带和风带在近地面的分布是不连续的，并形成一个个气压中心。因此在三圈环流的基础上，还应了解海平面气压和风的实际情况，以使理论联系实际。

气压带、风带在一年内还随季节的变化做周期性移动，其根本原因是太阳直射点的南北移动。一般模式图展示的是全球气压带和风带分布的平均状况，以此状况为参照，就北半球而言，气压带和风带大致是夏季北移、冬季南移，南半球正好相反。

以气压带、风带的分布及其移动为基础，叠加海陆位置和下垫面等因素，形成了世界上复杂多样的气候。这是学生需要形成的基本认识。也就是说，气压带、风带对气候的形成有着重要的影响，但不是唯一的影响。具体说明气压带、风带的分布、移动规律对气候的影响，可以举例；但不要求系统讲述气候类型的成因。气压带、风带的分布对气候的影响，比较好的例子是热带雨林气候（全年受赤道低压带控制）、温带海洋性气候（全年受西风带控制）；移动规律对气候的影响，比较好的例子是热带草原气候（信风带和赤道低压带的交替控制）、地中海气候（副热带高压带和西风带的交替控制），以及西南季风（东南信风夏季北移跨过赤道偏转而成）等。

本条"标准"要求学生能熟练阅读并绘制全球气压带、风带的分布及其季节移动示意图，且应当是通过学生主体活动来重点把握全球气压带、风带的分布和移动规律，并以此来解释全球气候的分布和特征，而不是仅记住有哪些气压带和风带。

（二）教学目标设计示例

示例1

【教学目标】

知识与能力：

1. 知道大气环流的含义及大气环流的基本特性。

2. 说出三圈环流与气压带和风带形成的关系，气压带和风带位置的移动规律。

3. 解释北半球冬夏海陆气压中心的形成和东亚季风形成的基本原理。

4. 分析气压带和风带对气候的影响。

过程与方法：

1. 通过绘制三圈环流的形成过程图，发展空间思维能力。

2. 通过海陆分布对大气环流影响的图示分析，学会分析地理规律和地理成因。

3. 通过成因分析法自主探究气压带、风带对气候的影响机制。

情感、态度与价值观：

培养学生理论联系实际的能力。

【教学重难点】

1. 气压带、风带的形成和分布及其运动规律。

2. 北半球冬、夏季气压中心的形成及其影响。

3. 气压带、风带对气候的影响。

示例2

【教学目标】

知识与能力：

1. 知道大气环流的概念和三圈环流形成原理。

2. 说出全球7个气压带和6个风带的分布规律，气压带和风带的季节移动规律。

3. 分析海陆分布对气压带和风带的影响，说出北半球冬、夏季风气压中心的形成和分布。

4. 分析风带、气压带对气候的影响。

过程与方法：

1. 通过绘制气压带、风带分布示意图，分析大气运动的规律。

2. 会阅读"1月、7月海平面等压线分布"图。

3. 会阅读"世界气候类型"图，总结气候分布规律。

情感、态度与价值观：

建立空间思维能力；培养辩证的唯物主义思想；培养执着追求的生活态度。

示例3

【教学目标】

知识与能力：

1. 掌握大气环流的概念及气压带、风带的形成与分布规律；

2. 理解气压带和风带的季节移动规律。

过程和方法：

通过制作三圈环流模型，绘制气压带和风带分布示意图，分析大气运动的规律性。

情感、态度与价值观：

1. 认识事物相互联系、相互制约的关系，培养综合思维；

2. 通过对具体问题的探究，养成理论联系实际、问题具体分析的思想方法。

示例4

【教学目标】

知识与能力：

1. 说出三圈环流和全球气压带风带的名称、分布及季节移动规律；

2. 说出1月、7月北半球海陆气压中心名称、成因及对大气环流的影响；

3. 解释气压带风带对气候的影响。

过程与方法：

1. 通过绘制三圈环流示意图，培养空间思维能力和实际动手能力；

2. 读"东亚季风"图，培养运用地图分析和解决问题的能力；

3. 读"世界气候类型分布"图和"全球风带气压带分布"图，总结世界气候类型分布规律，认识气压带风带对气候的影响。

情感、态度与价值观：

1. 初步建立地理要素间相互影响、相互渗透、相互制约的辩证关系；

2. 形成理论联系实际分析和解决实际问题的态度。

示例5

【教学目标】

1. 绘制气压带和风带分布示意图，分析大气运动的规律性，建立空间思维。

2. 读气压带和风带分布示意图，说出气压带和风带的分布及移动规律。

3. 运用海陆热力差异原理，解释北半球冬、夏季气压中心的形成、分布及其影响。

4. 运用案例，说明气压带和风带对气候的影响。

以上5位老师对本节内容教学目标的设定可以看出，虽然不同老师对教学目标的叙写方式不尽相同，但都能遵循教学目标设定的原则和要求，紧紧围绕课程标准关于知识与技能（气压带风带形成、分布、移动规律及对气候的影响），过程与方法（绘制全球风带气压带图），情感、态度与价值观（普遍联系）的基本要求，运用"绘制""说出""分析""解释"等可操作、可测量的行为动词，使教学目标真正成为规范教学、引导教学、评价教学的重要抓手。由于对课程三维目标的理解不同，前4位老师在叙写教学目标时，机械套用了课程目标的三个维度，从知识与技能，过程与方法，情感、态度与价值观分别展开叙写，导致将整体的教学目标人为割裂，使得教学目标显得过于冗长，并出现前后重复，既不符合教学目标"简明""具体"的叙写要求，也给教学活动设计、教学评价造成一定的混乱。而且，个别行为动词的使用也存在难以检测的情况，比如"知道""掌握"等。什么情况算是学生知道，是知道名称还是知道概念、知道影响因素还是知道形成过程？模糊不清、指向不明。另外，关于情感、态度与价值观目标，由于在内容标准中没有明确的要求，导致老师们在叙写时随意性很大，所使用的行为动词更是五花八门，既难以检测，也不够规范、严肃。而第5位老师的叙写，将知识与技能，过程与方法，情感、态度与价值观融为一体，而且突出过程与方法对知识技能建构的意义，凸显了教学过程中教师的主导地位和学生的主体地位，行为动词使用"绘制""说明""解释""分析"，体现教学目标"简明""具体""可操作""可测量"的叙写要求，同时也符合"教学促进学生思维发展"的根本要求。

如何评价一节课

一、评价教师的教

（一）评价课堂教学目标的设定及达成

除了考虑对课程标准的理解，对教材的把握，以及对教学策略的运用之外，应充分考虑学情，以增强教学的针对性。

1. 评教学目标的设定

一看制定的教学目标是否考虑到知识技能，过程方法，情感、态度与价值观三者的有机整合，并指向学科核心素养。二看制定的教学目标是否简明、具体、可操作、可测量。行为主体、行为条件、行为动词、行为结果叙写是否清楚准确，知识与技能目标是否用可以检测学生学习行为的动词来阐述；过程与方法，情感、态度与价值观的目标描述，是否落实在知识和技能的学习过程中。三看制定的教学目标是否适切，是否以本学科的课程标准为指导，难易是否适当，是否能体现学生的年龄特点、符合学生的认识规律；是否考虑到学生的基础和个体差异。

2. 评教学目标的达成

一看制定的教学目标是否得到全面落实；重点知识和技能是否得到落实；是否体现知识的形成过程，注意培养学生的多种能力；是否注重学生学习动机、兴趣、习惯、信心等非智力因素培养；教学目标的达成度如何。二看是否以简驭繁，是否易懂、易掌握，当堂问题是否能当堂解决，学生负担是否合理。三看教学是否高效，学生的受益面有多大，不同程度的学生是否在原有基础上都有进步。

（二）评教学思想是否体现新课程理念

新课程强调"学为中心"，在"做中学"，那么教学就应该以促进学生主动发展为出发点，从激发学生学习兴趣入手，把教学的重点从单一的"教"转向学生的"学"。学生自己能学会的，应该让学生自己学。以往评课强调教师要精讲多练，而现在应关注教师精讲精练，学生想讲想练。传统的教学方式以教师讲解为主，有利于学生在较短的时间里掌握知识。而在新课程背景下，提倡启发式教学和自主、合作、探究学习，扬弃被动的、不利于学生创新思维培养的接受式学习。评课时要善于分析课堂教学发生的一切是否真正体现新课程理念。

（三）评教师的教学思路

教学思路是教师上课的脉络和主线，也是学生学习的逻辑过程。它是根据教学内容和学生水平两个方面的实际情况设计出来的。它反映一系列教学事件和措施的编排与组合，衔接过渡设计以及详略安排情况。

对教师的教学思路作出评价时要注意六个方面：

一看整堂课的设计脉络是不是清晰、科学、有序，如重点是否突出，难点是否突破，层次是否分明，详略是否得当等。

二看教学思路设计符不符合学生实际，符不符合学生的认知规律，是否紧密联系学生生活经验、已有知识，并由易到难、由近及远、由特殊到一般、由感性认识到理性认识。

三看整体课堂安排中的教学环节对突出教学重点，突破教学难点是否起到良好的作用，每一个教学环节的引出和上下环节的过渡是否自然，设计的问题是否能有效地引导学生学习。

四看教师在课堂上教学思路实际运作的效果，如教法的选择是否有利于学生的学习，教学坡度的设置是否适合学生，教学容量的确定是否得当等。

五看教学结构是否严谨、环环相扣，过渡是否自然，时间分配是否合理，知识点密度是否适中。

六看教学思路是不是有一定的独创性，是否有个性特点，是否形成了自己的教学风格。

（四）评教师的教学设计能力

在评课时要关注教师的教学设计能力。一份好的教学设计体现在教师合理组织教学内容，充分地估计学生在学习过程中将会出现的各种困难，制订出各种适合学生学习的教学策略，既有教的过程，又有学的过程。评课要从课堂教学反馈中分析教师的教学设计意图是否明确，每一个教学环节是否合理。

（五）评教师的基本素养

主要是从教师的基本功来评析，包括教态、情感、理念、风格、语言、手段等。一看教态是否亲切、自然、端庄、大方；二看是否说普通话，语言表达是否准确清楚、精当简练、生动形象、有启发性，语调高低是否适宜，快慢是否适度，是否抑扬顿挫，富于变化有感染力；三看媒体的运用，能否熟练运用现代化教学手段、能否运用多种媒体，并将它们有机整合起来；四看教学的应变和调控课堂能力。

（六）评教学方法和手段

从教的方面来说，看教学方法是否因内容、因学生、因教师自身特点而不同，是否有改革与创新的精神。还要看教师是否关注学法指导，是否帮助学生认识学习规律，掌握科学的学习方法，从而提高学习能力和效率；是否激发学生学习的兴趣，从而养成良好的学习习惯；是否培养学生敢于独立思考、敢于探索、敢于质疑的精神等。具体来说，教师采用恰当的教学模式，应充分发挥学生的主体性，为学生提供平等的机会，将自主、合作、探究三者有机结合，让学生亲身经历体验、感悟、思考、表达的过程，在掌握知识的同时，学会探究、深入思考（防止被动思考），提出有意义的问题，勇于发表自己的见解，从中得到情感的升华。教学中还要采用积极多样的评价方式，调动学生学习的积极性。同时，教师要具备灵活应变性，能根据学生反馈信息，及时对教学进程、问题的难度、教育学的方式、课时长短等进行调整。

（七）评教学内容

一看教学内容的正确性，即教学过程中是否有知识性或思想性错误，教学内容的选择是否凸显学科学习的价值功能。二看教学内容设计的整合度，即内容设计是否注重课程资源的开发、利用和整合，教师是否从整体把握学科知识体系，反复研究教学的重点、难点，把教材作为教学的必备工具，创造性灵活运用教材，能否从学生实际出发，把教材内容加工、处理成符合学生认识水平和有利于学生全面发展的学习内容，使学生易懂、乐学。

二、评价学生的学

要确立以学论教的观念，以学生的学来评价教师的教。具体说就是看教师的教是否有针对性，看教师能否从学生现有实际情况出发，从学生的需求出发，从教学的实际效果出发来设计、实施教学活动，教师的评价是否促进学生改进学习习惯、增强信心、提高效益；与此相对应的是看学生的学是否有实效性，看学生的情感是否被调动，知识、技能和情感等多方面是否得到不同程度的提高与和谐发展。

（一）关注学生的参与状态

课堂上在确立学生的主体地位后，应以学生的参与度为保证，学生没有参与或参与度不够，都算不上主体。学生的参与状态，既要看参与的广度，又要看参与的深度。就广度而言，要求学生人人参与到课堂教学的各个环节中；就深度而言，要求学生积极主动地探究。表面上热热闹闹，实际上没有引起学生多少认知冲突的课不是好课。

（二）关注学生的思维状态

课堂上要为学生提供交流的平台，从交流中关注学生的思维状态。首先教师要创设民主、平等、欢乐、和谐的学习气氛，让学生感到自己在这个环境里是安全的、融洽的，能和同学、教师，甚至教材进行平等的对话。在这个过程中，师生、生生分享彼此的思考、见解和知识，交流彼此的情感、观念与理念。一堂好课，教师会十分注重学科思想方法的渗透，培养学生分析问题、解决问题的能力；教师会允许学生有不同的想法，只要有道理都会肯定，鼓励学生大胆质疑，勇于探索。一堂好课，应体现教师教法灵活、学生思维活跃；教师在引导学生探究问题的过程中，鼓励学生多角度地思考，用多种方法解决同一个问题，或用同一种方法解决不同的问题，并让学生讲述解决问题的思考过程，对多种方法进行异同比较，使学生不仅知其然，还知其所以然，从而拓展思维的深度和广度。

（三）关注学生的生成状态

教学的目的是让学生学会学习，因此评课时关注学生的生成性问题十分重要。首先，要分析学生在课堂教学中得到了什么，有哪些收获，这些收获是通过怎样的途径获取的，主要考查学生是否切实掌握所学知识以及是否将这些新知识纳入自己原有的知识体系中。同时，还要分析学生在获取知识的过程中，是否积极主动地投入，跟进行为是否落实，每一个学生是否在原有基础上得到了尽可能大的进步与发展。尤其对于课程生成性问题，教师是否把握住有价值的问题，作为教学资源，组织学生讨论交流。有时学生的小小错误，被教师抓住了，将它看成生成性资源进行教学，往往会得到意想不到的结果。

三、对课堂教学的观察与评价要处理好几对关系

（一）教学与教育的关系

课堂教学是学校育人的主要阵地，发挥课程和学科育人功能是课堂教学的灵魂。所以，科学合理、全面准确的课堂教学定位是实现有效教学的基础。体现教学与教育的有机整合，首先要有效落实教学的核心素养目标，要结合教学内容注重渗透优秀文化、民族精神、爱国情怀和生命教育、环境教育。一堂好课，必须在正确处理知识与技能、注重方法能力的同时，注意与情感和责任等方面的培养实现有机结合。

（二）预设与生成的关系

对课堂教学目标、内容、进程、条件等方面的预设是成功的基础。上好一节课，预设的功劳不可抹杀。预设体现了一位教师对教学目标、内容、方法、效果的追求，是长期积累的经验的表现。但是预设也不是一帖万能药，原因在于教师对学生群体的差异性与发展性的预测不可能绝对正确。所以课堂教学中，教师必须重视生成，给学生生成的权利，留有生成的空间，这也是考察教师在理念基础上的灵气与智慧。如，引导学生解答和引导学生思考是两个不同的课堂教学行为，前者试图要学生接受预设的答案，而后者是给学生以方向。同时，考虑教学应变，体现生成。一堂好课，必然是预设与生成的完美结合。

（三）接受与探究的关系

在有限的课堂教学时间内，让学生以较少的时间了解到较多的前人经验和文化，这就是接受式学习。接受式学习有学习效率比较高的好处。我们的课堂文化中，提倡接受式学习是符合国情、校情的实际举措，也是有效教学方法之一。现在的问题是在前人经验十分丰富并不断增加，呈现知识爆

炸的态势下，单一的接受式学习在课堂中遇到不可避免的困惑和尴尬。进入学习型社会，培养终身学习能力变成课堂教学的新任务。其出路就在于引导学生改变学习方法，注重探究和实践，包括学习习惯的培养、课堂训练的改进，从而指导学生学会学习。重要的是新课程标准将课程目标指向核心素养的培育，强调的不再只是知识的掌握，而是对知识的深度理解和灵活应用，所以新的课堂应该兼顾接受与探究。

（四）自主与合作的关系

在学生学习的层面上，我们很看重学生能够独立思考、独立完成作业的能力和方法，更注重主动性的自主学习意识与行为的培养。但是现代社会对公民的要求发生了变化，和谐社会的建设注重沟通交流，注重团队合作等素养，必须在课堂教学中将这些素养列为培养要素。合作学习应有基本的要求，包括合作的要求、角色的分工、成果的共享等，主要是让学生能够感受到合作学习的真正意义。合作学习的前提是个体化的自主独立学习，在自主学习的基础上发展合作学习能力，主张在合作学习中担负起个人责任，实现自主与合作相辅相成。

（五）细节与整体的关系

以往长期的教学实践中形成的一个传统，就是比较注意观察课堂教学细节上的科学性、艺术性，比如对课堂教学行为的指标分解，也是表达了对细节的关注。再比如，教师对教材的处理，哪些地方是合理的、哪些地方是有缺点甚至是错误的；在充实资料方面哪些是可取的、哪些是无意义的等等。对教具学具的运用、演示试验的操作、教学时间的掌握等方面，观察和评价的视角很刁钻。对那些有可能影响成败的细节确实必须关注，但也不能忽视整体，特别是课堂教学的整体效果。例如，教师能否根据反馈的信息及时有效地调控学习方式，充分展示知识的形成过程和思维过程，培养学生的科学思维方法、学科基本思想方法和综合素养；教学过程中，教师能否注意指导学生形成良好的情感体验、积极主动的学习态度和正确的价值观。这些都是一种着眼大局的观察与评价。

总之，一堂好课应具有在育人功能基础上的学科特征，而不仅仅是贴标签；应在效率、效益、效能等方面都体现有效教学的要求，而不仅仅是盲目热闹的"泡沫课"。

教无定法  下篇

新课程实施的具体目标：改变学生学习方式

自从高中新课程实施以来，有关新课程体系重心的争论持续不断，究竟是重知识建构，还是重能力培养，是重教学组织形式的变革，还是重教学内容的重建……甚至有相当一部分教师误认为所谓新课程只是推行新教材，课堂教学方式一成不变，课堂教学至今难见"新"意。究其原因，最根本的问题是仍有相当一部分教师对新课程的核心精神缺乏深刻的理解，从而不能积极主动地投身于新课程实践，依然抱着对传统教学依依不舍的心情，被动地进入新课程的实施。基于此，本文主要就新课程"新"在何处、如何理解新课程、怎样推进新课程实践进行讨论。

一、新课程究竟"新"在何处？

国家《基础教育课程改革纲要（试行）》明确提出，本次课改的具体目标如下。

1. 改变课程过于注重知识传授的倾向，强调形成积极主动的学习态度，使获得基础知识与基本技能的过程成为学会学习和形成正确价值观的过程。

2. 改变课程结构过于强调学科本位、门类过多和缺乏整合的现状，使课程结构具有均衡性、综合性和选择性。

3. 改变课程内容繁、难、偏、旧和片中书本知识的现状，加强课程内容与学生生活以及现代社会科技发展的联系，关注学生的学习兴趣和经验，精选终身学习必备的基础知识和技能。

4. 改变课程实施过于强调接受学习、死记硬背、机械训练的现状，倡导学生主动参与、乐于探究、勤于动手，培养学生搜集和处理信息的能力、获取新知识的能力、分析和解决问题的能力，以及交流与合作的能力。

5. 改变课程评价过分强调评价的甄别与选拔的功能，发挥评价促进学生发展、教师提高和改进教学实践的功能。

6. 改变课程管理过于集中的状况，实行国家、地方、学校三级课程管理，增强课程对地方、学校及学生的适应性。

以上六项具体目标中，直接涉及学生学习态度、学习兴趣、学习方式、学习目的的内容就有五项，其中，对课程实施者的要求就是改善学生的学习方式，引导学生由接受学习向自主学习、合作学习、探究学习转变。由此不难看出，新课程与传统教学的根本区别在于，从单纯注重传授知识转变为关注学生学习态度、学习兴趣、学习习惯、学习方法的培养。从而使教学真正回归教育的本真，即教基于学，教为了学，教应以"学"为中心，帮助学习者更加有效地学习。

二、新课程的核心理念是什么？

在如何处理教育促进经济发展、社会发展与人的发展的关系上，新课程把教育定位在促进人的发展上，具体指向以能力和个性为核心的发展。强调课程改革要培养学生信息收集和整理的能力、发现和思考问题的能力、分析和解决问题的能力、终身学习和创新的能力以及生存和发展的能力。而以往长期的灌输式学习，使学生变得内向、恭顺、被动，缺少自信、缺乏活力，自然也就扼制了人的创造性，能力的发展也就受到了禁锢。学习方式的改善是以教师的教学行为的变化为前提的，因此，教师教学行为的变化被视为课程改革成功与否的标志，从某种意义上讲，也是素质教育能否深入推进的关键因素。新课程为了使学生的学习方式发生根本性转变，改变原有的单一的、被动的学习方式，建立和形成旨在充分调动、发挥学生主体性的多样化学习方式，保证学生自主性、探究性的学习落到实处。首先通过课程结构的调整，使学生的活动时间和空间在课程中获得有效的保障，并在新课程标准中倡导改变学习内容的呈现方式，确立学生的主体地位，促进学生积极主动地学习。同时，倡导学习过程转变成学生不断提出问题、解决问题的探索过程，并且倡导学生能够针对不同的学习内容，选择接受、探索、模仿、体验等丰富多样的适合个人特点的学习方式。

新课程还打破了传统的、基于精英主义思想和升学取向的、过于狭窄的课程定位，倡导面向全体学生，关注学生全面、和谐的发展。强调教学不是为了促进部分学生的某一方面得到发展，而是全体学生在知识与技能，过程与方法，情感、态度、价值观等方面都能得到全面、和谐的发展，使每位学生成长为不同层次、不同特点、不同特长的有用人才。这就要求在课程实施过程中，教师要努力做到在充分尊重差异的前提下，尽可能提供给学生多样化的学习方式，开发其潜能，培养其特长，使三个维度的教学目标达到协同，实现教学在促进人的发展目标上的融合。从这个意义上讲，新课程不仅改善了学生的学习方式，还彰显了人类学习的本性，提升了学习服务的品质。

三、为什么要着力改变学生的学习方式？

从学习科学的角度来理解，学习是主体与环境的相互作用，经过内化而获得经验并外化为行为变化的活动。所谓"主体"即参加学习活动的人，所谓"环境"，即学习的客体，学习的外部刺激，既包括社会生活、社会实践等直接因素，也包括各种书刊、实验设备、电教手段等间接因素。所谓"内化"就是客体作用于主体的学习过程，即感知—理解—巩固—运用的学习过程，所谓"获得经验"是指个体或群体参加学习活动获得的以内隐的知识形态表现的结果。所谓"外化"就是主体反作用于客体的学习过程，其所获得的结果是表现于主体的外显的行为变化。所谓"活动"，是反映学习既是一种认识活动，又是一种实践活动。基于此，新课程理念对于"学习"的理解，可概括为以下几方面。

第一，学习是一个有目的、有意识的过程。这就是说，教学不应是以完成任务为终结，而是以达成目标为衡量标准和最基本追求。因此，在教学中一定要处理好目标和任务之间的关系。

第二，学习是一个不断地自我反思的过程。反思的最大价值在于重新认识做事的意义。这就意味着，教学过程不是简单地把结论性的知识告诉学生，而是引导学生通过不断地自我反思，形成正确的认识。

第三，学习是一个寻找发展捷径的过程。因此，学习需要掌握更加有效的方式和方法。

第四，学习是一个合作和交往的过程。合作，意味着贡献与分享；交往，意味着平等与民主。所以，对话、交流、交锋、碰撞、分享应是教学过程最常见和最基本的师生活动。

再从学生学习特点角度来理解，学生的学习既有人类认识过程的一般特点，又有其特殊性，具体表现为以下几点。

（1）学生的学习过程是掌握间接经验的过程，因此，它与人类认识客观世界的过程有所不同。人类的认识是从实践开始，而学生的学习则未必如此，可以从学习现有的经验、理论、结论开始，同时需补充以感性经验。学生的学习也要求个人有一定的经验基础，但学生的学习不可能事事从直接经验开始。在教学组织和教学方法上，特别要求教师能把学校学习与实际生活和学生的原有经验相联系。

（2）学生的学习是在有计划、有目的和有组织的情况下进行的。学生的学习必须在有限的时间内完成，并达到社会的要求，因此需要在教师的指导下实现。正是由于教师既掌握所教知识的内在联系，又了解学生学习过程的特点，因而，能够保证在较短时间内，采用特殊有效的方法，帮助学生学会学习，完成掌握前人经验和建构自己的认知结构的学习过程。

（3）学生的学习具有一定程度的被动性。学生的学习与人类的学习一样，应该是一个主动建构的过程。但他们的学习又不是为了适应当前的环境，而是为了适应将来的环境，当学生意识不到他当前的学习与将来的生活实践的关系时，就不愿为学习付出努力。因此教师要注意用各种方法来培养和激发学生的学习动机，提高其学习的主动性和积极性。

如果不了解学生学习的特点，就可能使学生的学习程式化，事事要求直接经验，或是放弃指导，强调生活即教育；或是只注意灌输，把学生看作一个接受知识的容器，被动的学习者。这些做法显然都有碍于学生的学习。

四、新课程理念中的教师角色如何定位？

新课程关于教师的角色定位是，教师不仅是文化的传播者，还应是学生潜能的开发者，学生学习的促进者，学生发展的伴随者以及教育的探究者和课程的开发者，并对教师在教学行为上提出了如下要求：在对待师生关系上，强调尊重、赞赏学生；在对待教与学的关系上，强调帮助、引导学生；在对待自我上，强调反思；在对待与其他教育者的关系上，强调合作。特别要求教师要关注每一个学生，教育学生必须做到以下几点。

（1）尊重学生，学会欣赏学生，要关注每一位学生的发展，特别是教学中容易被排斥、被忽略、被遗忘的学生，要关注到全体学生。

（2）关注学生的情绪生活和情感体验，促进学生有效且富有意义地学习。学习应该是学生一种愉悦的、积极的情感体验，是一种幸福的活动。教师必须做到用心去教，要对学生有热切的情感，热爱自己的职业，熟练掌握所教学科的思想、方法，把教育事业视为自己的乐趣，让学习成为学生的兴趣。

（3）关注学生的道德生活和人格的修养。课堂不仅是学科知识传递的殿堂，更是人性养育的圣殿。教师在课堂上不能只关注学生对于知识的学习和掌握，还要充分把握和倡导学生学习过程中的各种道德因素，引导和促进学生道德的发展，使教学过程成为学生一种高尚的道德生活和丰富的人生体验。

（4）关注学生的学习过程，特别是学习动机、兴趣、能力、情感、态度和价值观等方面的健全发展，而不是只关注学生的学习结果。

总之，新课程要求教师，把自己从过去的"说教者"中解脱出来，走下知识讲授者的神坛，走近学生，走进学生，成为学生学习的帮助者、促进者，在角色转变上，从"我教你"到"跟我学"，再到"我们一起学"。

五、新课程实施中如何促进学生学习方式转变？

新课程倡导自主、合作、探究学习。课堂教学中应如何引导学生进行自主、探究、合作学习呢？笔者认为教师至少应在以下几方面做出改变。

第一，教师要转变教学观念，建立民主、平等的师生关系。教师要相信学生是有学习能力的，只要我们能够给予学生巧妙的启发，恰当的引导，适时的点拨和充分的信任和必要的鼓励，学生就能够在同伴的互助下，顺利完成学习任务。所以，教师在课堂上要敢于放手，让学生想一想、议一议、做一做、评一评，不仅有助于学生学习主动性的培养，还会给学生留下难忘的学习体验。正如学生所说："老师讲给我的，我会忘记；老师做给我看的，我会记住；只有我自己做过，我才能理解。"也许我们都有过这样的经历，让学生说出从他们能够记事开始到现在，记忆最深刻的事，或是把头脑中的记忆翻阅一遍，发现很少有学生能够记住什么时候做了什么作业，老师什么时候讲了什么知识；记忆比较深刻的往往是自己想办法做到的事情，比如在什么艰难的时候想办法解决了什么难题等。同时，教师应以平等的身份参与到学生的交流和探讨中来，而不仅仅是一个评判者，甚至旁观者。

第二，教师要有高超的教学艺术，引发学生的好奇心，激发学生的学习动机，让学生乐于探究。如果学生对一个问题不感兴趣，也就不愿参与过程探究，获得的知识也会极少，学习效率也会极其低下。因此，教师要善于捕捉学生生活世界的案例、场景、现象、故事，将其巧妙地与学生学习内容相结合，创设问题情景，并通过形象生动的语言，高涨饱满的激情，形象逼真的动画，真实感人的场景等激发学生的学习兴趣，引起学生的共鸣，进而激励学生展开探究。

第三，教师要精心设计教学过程，善于为学生铺路搭桥，保证探究活动的畅通。比如，将教学内容转化为问题时，提出的问题要有深度，要有探究的价值；引导学生讨论要有针对性和指向性；学生练习的设计要体现实践性、层次性和发展性。同时，课堂教学要留给学生足够的时间和空间，保证探究活动的落实，要少"占"多"让"，少"扶"多"放"。提出问题后，要留给学生一定的时间，有利于学生进行深度思考。

第四，教师要善于捕捉学生的闪光点，培养学生的自主学习的能力和习惯。学生在自主、合作、探究性学习中，往往能够表现出平时我们观察不到的一些个性特点，为了将学生的学习引向预期的效果，教师不仅要注重营造人人参与的氛围，提供探究的成功体验，还要善于捕捉学生在自主学习过程中表现出的闪光点，并给予及时的、恰当的评价，特别是对学困生的评价。通过评价来培养学生的学习热情，激发学生的灵气，张扬学生的个性，锻炼学生坚强的意志，促进学生的发展。

课堂如何让学生成为真正的"参与者"

一、问题的提出

笔者曾参加过一次围绕参与式教学的"同课异构"观摩研讨活动，由于本次观摩研讨活动是以课堂教学方法探索为主题，引起了本市很多同行的关注。两位授课老师对本次课程也做了精心准备，讲授了人教版（2019）高中地理选择性必修一第一章《地球的运动》中有关"地球自转及其地理意义"的部分内容。由于本节课的课型是复习课，两位老师在授课过程中为了调动学生的学习积极性，激发学生的学习动机，不仅很用心地整理和设计了一些有针对性的学业水平考试题作为教学的导入，同时，还制作了直观形象的多媒体课件来辅助教学。

但是，在教学展开时，教师除了在学生练习过程中，运用"启发式"讲授法对学生给予"方法"和"思路"的引导外，更多的是借助多媒体课件，采用"一问一答"式的谈话式教学；与此同时，学生的表现和反应除了偶尔因教师的"口误"或"幽默"引起哄堂大笑外，并未展现出授课者和观摩者所期望和关注的积极主动、热情投入、互动合作、活泼高效的学习氛围。导致课后进行研讨时，除个别老师针对教学内容安排、课件设计以及授课老师的一些口头表述进行了简短评论外，大部分老师陷入沉默，对本节课教学方法的探索、课堂生成的处理及教学效果的评价不置一词。

究其原因，不论是授课者还是听课者，虽然都对参与式教学有一定的了解，但究竟应该如何让学生在课堂教学中成为的真正参与者，促进"教"与"学"方式的转变，并不是十分清楚。因此，有必要对参与式教学的特点和操作要领进行一些探索和研究。

二、参与式教学缘起

参与式教学20世纪五六十年代起源于英国，最初是由一些英国的社会学家在国外进行国际援助性研究的时候，总结出来的一套社会学理论。该理论认为，只有让当地的人们最大限度地参与到国际援助项目中来，才能使国际援助项目取得成功。后来该理论被引入教育教学领域，逐步形成了现在自成体系的参与式教学法。在我国，对参与式教学的关注和研究，应该始于2001年开始的新一轮基础教育课程改革。《基础课程改革纲要（试行）》明确指出："改变课程实施过于强调接受学习、死记硬背、机械训练的现状，倡导学生主动参与、乐于探究、勤于动手，培养学生收集和处理信息的能力、获取新知识的能力以及交流与合作的能力。"由于参与式教学的核心理念与新课程的基本精神相吻合，因此受到了广大教师的青睐，并将其引入课堂教学实践之中，逐步形成了参与式教学方式。

三、参与式教学释义

"参与"一词在《辞源》和《辞海》中的解释为："加入，介入，参加。同'参预'，预闻而参议其事。"《现代汉语词典》（2005年第五版）中的解释为："参加（事务的计划、讨论、处理），参与其事，即加入某种活动。"我们在日常生活中通常所说的"参与"意为：主动加入某种活动，并对事情的发展产生一定作用。"参与"一词在英文当中是"participate"，指"个人的思想和感情都投入一种鼓励个人为团队的目标做出贡献、分担责任的团队环境之中"，既强调活动过程中参与者的"在场"，又强调活动过程中参与者主动贡献自己的智慧，共同生成活动的结果。"参与"的概念可以从以下几个方面理解：参与是一种状态，是一个动态的过程；参与的基础不是命令与服从，而是平等与认同；参与不只是行动上的呼应，更重要的是思维上的同步和情感上的共鸣；参与是沟通和交流的有效方式，不仅要表达自己，还要倾听他人；参与是每个集体成员的基本权利，也是一种义务；通过参与，参与者的批判能力、选择能力、表达能力、合作能力都会得到培养，参与者的自尊、自信和自主性都会得到提高。

关于参与式教学的概念，本书参考大量教育教学文献，比较专家学者们对其释义的异同，挑选以下四种解释进行说明。

（1）参与式教学是指全体师生共同建立民主、和谐、热烈的教学氛围，让不同层次的学生都能够有机会表达观点、思想，展示个性、特长（拥有参与和发展机会）的一种有效的学习方式，是一种合作式或体验式的教学法。

（2）参与式教学是在"以学生为中心，以活动为主，共同参与"的理念指导下，强调在教学中体现学生的主体地位的教学组织形式和教学方式。其核心就是充分调动教师和学生在教学过程中两方面的积极性，贯彻教学民主的理念，创造师生平等、和谐的学习氛围，提高学习主体自主学习和独立思考的自觉意识，激发学生自身的潜能和创造力，在双边教学过程中突出教师的主导作用和学生的主体作用，体现以人为本的原则。

（3）参与教学是受教育者在明确教学目标的前提下，运用一定的科学方法，积极主动地、创造性地介入教学活动的每一个环节，从而获得知识、发展能力、接受教育的过程。其特点是在教学过程中，学生充分发挥主观能动性，充分显示学生的主体地位，教师作为教学的组织者、合作者和参与者，对学生的参与进行启发、诱导、调整、激励。

（4）参与式教学就是以学生为中心，以活动为主要形式，以发展为目的，在教师的主导下，充分调动学生的积极性、主动性和创造性，使学生进入教学活动，能动地、创造性地完成教学任务。参与式教学既是一种教学方法，更是一种教学理念。作为一种教学方法，参与式教学强调，在教学过程中，教师按照教学的目的和要求，根据教学内容，以多种教学方式，设置若干教学环节，为学生创造出参与教学过程的情境和条件，充分发挥学生教学主体的作用，在师生互动中进行教学；作为教学理念，参与式课堂教学思想就是指突出学生发展的主体性，以现有的资源、特定的环境，最大限度、有效地达成培养目标，实现师生双方主体角色交互变化的一种教学思想。参与式课堂教学不仅关心学生知道了什么，而更多地关注学生是怎么知道的。

综上所述，参与式教学作为一种教学样态，其比较一致的表述是，要以学生为中心，教师通过创设教学情境、组织和设计活动，全面调动学生积极参与教学过程，加强师生之间的信息交流和反馈，从而使学生能够在平等、和谐的教学氛围中，充分表达自己的观点，发挥个性、特长，以达到领会和掌握所学知识，获得自信的目的。

四、参与式教学的评价标准

参与式教学强调教学过程中"教"与"学"的双向互动，教学相长；充分体现教师在教学过程中的主导性作用的和学生的主体地位。主导性指教师在教学活动中以"导"为主，具体来说就是导学、导思、导做，导出方法，导出规律。学生的主体性体现在学生学习的自主性，即主动学习、主动参与、主动探究、主动建构，主动发展，它与传统的"老师讲，学生听"的教学方式相比较，具有生成性、互动性、开放性、自主性、民主性、激励性等突出特征，而这些特征正是参与式教学的评价标准。

（一）生成性

在参与式教学中，知识不是由老师讲（教）给学生的，而是在学生主动参与的过程中，在与同伴和老师不断进行情感交流的基础上，通过积极的体验和思维活动，学生自主地在原有认知结构上建构新知识。强调生成，并不等于否认教学是有计划、有目的的活动，只是在于提醒教师：教学过程中要时刻注意学生的反馈，必要时应做出及时有效的调整。

（二）互动性

在参与式教学中，教师的任务不是简单地告诉学生问题的答案，而是通过创设情境，引导学生发现问题，或提出问题，并以参与者的姿态与学生一起分析和解决问题；学生则以提问、答问、讨论、演示的方式全身心地进入问题的解决之中。通过师生互动，使学生得到多方面的满足，教师的智慧和引导作用得到充分发挥。

（三）开放性

参与教学的过程是开放的，可接纳更多、更广泛的学习内容，参与教学以教材内容为依托，但不仅限于教材中的文字。为了让学生充分认识学习内容本身的逻辑意义，并具有有意义学习的心向，可以把学生的生活经验和教师的知识储备当作潜在的、可资开发与利用的教学内容，让学生通过联系生活经验和已有知识，在认知和解释某一地理现象过程中，产生学习和探究新知识的渴望。而且，形式是活泼的，气氛是活跃的，对学习内容的理解也是多元的。

（四）自主性

在教学过程以学生主动探索发现和解决学习问题为特点，而不是通过静听、静观接受现成的知识结论。为此，特别强调主动学习、主体实践的教育价值，注重发挥学生的主体地位，通过学生亲身的活动和实践，变被动消极地学为主动积极富于创新地学，使学习成为学生主体的自主活动。

（五）民主性

就是在教学活动中，教师与学生之间的交流是平等的。教师充当组织者、引导者和促进者的角色，创设有利于学生积极参与的宽松、和谐的课堂教学氛围，使学生想参与、敢参与。老师要尊重学生独特的认识和感受，在交流中不仅要耐心倾听学生提出的问题，尤其是学困生提出的问题，而且要鼓励学生一起思考和分享智慧。教师如果有错，要勇于在学生面前承认自己的错误。

（六）激励性

参与式学习评价注重发挥激励功能。教师能够平等地对待每一个学生，尊重每一个学生，对学生的每一次尝试和努力都要报以热情的期待和鼓励。

五、参与式教学的基本环节

参与式教学作为一种教学样态（方法），其最基本的教学环节和操作要领如下。

（一）创设情境，激趣导入

创设有趣的教学环境，让学生对学习内容产生浓厚的兴趣，并以积极的状态进入教学情境，是教学取得成功的前提。因此，在教学准备阶段，老师应特别注重营造满足学生的参与欲和多样化学习需要的教学环境，诱发学生的学习动机。教学情境的创设既可通过精心设计与教学目标相结合的图片、幻灯片、课件，给学生营造一种直观的、真实的生活场景，也可通过设计新颖有趣的导语，如即兴表演，观看录像，启发式谈话等引起学生的兴趣与思考。在教学过程中，创设让学生主动参与的情境，教师不但要提出可供学生思考的问题，更应创设悬念，让学生主动提出问题，产生主动参与的兴趣，学生能提出各种各样的新问题，能够从新的角度去审视、想象问题，这样新课就会把学生带入一个新的境界，使他们在求知欲望的驱使下饶有兴趣地进入学习状态。

（二）自学讨论，合作参与

参与教学的突出特点不是要求学生在场作为听众和旁观者，而是成为演员和执行者，要求学生主动投入教学活动中，通过自身的情感体验掌握知识，获得自信。

一是教师根据教学目标和教材内容设计导学案或学习提纲，然后组织学生自主学习，主动探求新知识。在这个环节里，教师要指导学生自主阅读图文材料，结合教材文字、图表理解概念、解释现象、揭示规律，并画出课文的重点和难点，点明自学过程中可能出现的问题，让学生把疑难问题记录下来。然后，组织学生围绕自学提纲和自学过程中产生的疑难问题展开讨论，完成导学案中的练习，建构知识结构。

二是教师结合教学目标提出可供学生思考的问题，引导学生开动脑筋积极思考，通过创立"问题情境"，使学生处于一种"智力上的困窘状态"，然后启发、诱导学生一步一步运用自己已有知识和技能，独立思考，主动积极地构建自己的认知结构，发展创造思维能力。

三是教师通过创设的教学情境提出问题，由全班或小组围绕老师提出的问题展开讨论，教师以合作者的姿态走到学生中间去和学生一起讨论，观察每一位学生的表现和需要的教学变量和条件，并对学生进行适时的点拨、启发、引导。通过学生之间合作讨论甚至争论，教师点拨、引导，最后达到正确一致，从而培养学生的认知能力，理解能力。

四是教师通过简短的"启发式"讲解，在内容上，突出"精讲""管用"，注重"方法"和"思路"的原则，不求面面俱到；在形式上，突出"启发式""训练式"，与课堂讨论、课堂辅导、咨询答疑、课堂练习等方法相结合；在时间安排上，根据学科或内容的不同，将教师启发式讲授时间与课堂讨论、答疑、练习时间按照1~3：1的比例分配课堂教学时间。

（三）指导活动，诱发参与

学生主体活动是学生认知、情感、行为得以发展的基础。学生创新精神、实践能力的培养是在学生丰富多彩的自主活动中实现的，唯有活动，才能激发学生的好奇心和表现欲，课堂才会充满生机与活力。因此，让学生在课堂上动起来，在"做中学"既有利于缓解学生的"注意疲劳"，又能加深学生对科学原理的理解，提高学生理论联系实际、分析和解决问题的能力。

各种版本的新教材中都有大量的活动内容，足以表明活动在教学中的重要作用。以高中地理教材为例，几乎每一节都安排了活动内容，这些活动内容有的从学生生活实际出发，着眼解决生活中的地理问题；也有从学生发展的个性差异出发，满足学生不同的地理学习需要；从创设地理问题情境出发，倡导学生自主学习、合作学习和探究学习。其宗旨都是注重引导和培养学生动脑、动手与动口的能力，突出活动教学的开放性，把学生的学习置于体验、探究的过程当中，从而培养学生的创新意识和创新能力，充分体现了"以学生发展为本"的新理念。同时，也为教师组织学生活动提供了便利。当然，老师还可根据教学内容和教学活动的具体情境，结合学生生活环境和身边的新事物、新现象、新问题，设计一些更具吸引力的、新颖的问题或学习任务，组织学生参与其中展开思考、交流、实践。所谓"新颖"，一定是有助于展示学生的智慧和个性差异，并能让学生体验和感悟深刻的道理的，而不仅仅是是为了引起学生的兴趣。例如，在课堂上采用问答、辩论、角色扮演、实验演示、游戏等方式，不仅有助于调动学生的主观能动性，也吸引了那些心不在焉的听讲者。

（四）赞赏鼓励，强化参与

赞赏与鼓励虽不是教学的环节，但是参与式教学中不可或缺的组成部分。因为，要想使学生主动而不是被动地参与，并能够全身心投入学习，就必须让学生能够时时获得信任、鼓励、赞赏等积极的情感体验。卡耐基曾说："使一个人发挥最大能力的方法是赞美和鼓励。"课堂教学中，老师如果经常把友好、理解、肯定与赞赏的情感表达出来，让学生感受到爱、进步与成功，这会大大激发他们学习的动力。学生在自学和讨论时，每取得一点儿成绩或贡献出自己的观点，老师一句肯定的、赞赏的话语，一个满意的点头，一个会心的微笑，一个信任的眼神，就会让他们有一种成就感，使他们从成功中品尝到努力的价值，从而积极进取。当学生顺利地完成了学习任务，老师面带微笑拍一拍学生的肩膀，对着学生竖起大拇指，与学生击一下掌，带动全体学生鼓掌……这些赞赏的方式都将激发学生积极的情感、态度和价值观，达到强化学生学习动机的目的。当学生在回答问题的过程中，遇到困难和问题时，老师要学会耐心地倾听，给学生以思考的时间和空间，并用安慰和提示的语言，如"别急，慢慢说……因为……所以……"间或用微笑或点头来鼓励他、帮助他回答出问题，这样做不但让学生体验到成功的喜悦，而且有时还能够激发他迸发出另一种独到的、极富有创造性的回答。

（五）总结拓宽，实践参与

学生通过自学讨论、动手操作、体验交流等环节的学习，不仅对概念、原理、规律、特征、过程、环节等知识与技能有了一定程度的理解和掌握，而且，充分地体验和享受了学习的过程与方法，自然也会形成一种有意义、愉悦、进步、被关注和尊重等积极的情感体验。但教师应该认识到，此刻学生对知识的掌握还停留在感性认识阶段，还不能形成清晰、完整的知识结构，不能运用准确、规范的语言完整地表述知识点，特别是对"运用所学知识解决具体问题"的思路和方法的掌握还不熟练，也就是说学生还并没有完成"实践—感性认识—理性认识—实践"的全过程。因此，在一节课结束之前，留出一定时间对所学知识进行归纳、提炼、总结、练习，有助于学生准确掌握概念，理清知识内在的逻辑关系，达到升华教材、突破方法、提升能力的目的。总结和课堂练习时，要充分发挥教师的主观能动性，既要善于捕捉学生瞬间闪现出的思维火花，并以此为契机对所学知识的意义和应用范围进行必要的拓展、延伸，又要对发现的共性问题及时指出，正确引导，不能模糊不清。对个别出现的问题，也可鼓励和引导学生课后继续自学讨论，在讨论中让他们拓宽知识面，提高知识层次，这样不仅提高了学生的学习兴趣，而且还激发了学生探索知识的积极性。

总之，教师只要心中有学生，将学生作为学习的主体地位真正落到实处，充分发挥先行组织者的作用，将向学生提出的目标和要求恰好落在他们的最近发展区内，有效地促进知识的同化与顺应，参与教学的理念才能得以实现。

参考文献：

魏智渊.苏霍姆林斯基教育学：新教育实验网络师范学院课程教材［M］.桂林：漓江出版社，2014.

核心素养与学科课程教学

　　余文森教授在《核心素养的内涵与意蕴》一文中指出，当今世界教育改革发展的共同趋势已经从知识教育走向能力教育、素养教育。我国教育改革也经历了从"双基"目标过渡到"三维"目标，再到目前的素养目标。由此，课程结构、课程内容、课程教学、课程评价随之发生或正在发生着深刻变化。核心素养、核心素养与学科核心素养是什么关系？核心素养导向的课程教学与以"双基"为目标的教学在理念和方法上有哪些本质的差异？如果对这些基本问题还没有形成清晰的认知和深入的理解，必然影响课程改革的推进和效果。

一、核心素养的内涵和本质特征

　　何为核心素养？关于核心素养的内涵，不同学者有不同的解读。

　　根据《中国学生发展核心素养》的概念，核心素养可概括为，一个人在接受教育、训练、实践过程中所形成的品格和能力中的核心要素，它是关于学生知识、技能、情感、态度、价值观等多方面要求的结合体，是学生适应个人终身发展和社会发展的必备品格、关键能力和价值观念。必备品格重点指向社会责任、学会学习、健全人格、审美情趣等基本要点；关键能力主要指向科学精神、学会学习、实践创新等核心素养；价值观念主要指向国家认同、国际理解、人文情怀、理性思维、健康生活等基本要点。

　　根据《义务教育课程方案（2022年版）》中有关"培养目标"的阐述，核心素养可简单概括为：有理想、有本领、有担当。三者分别对应价值观念、关键能力、必备品格。

那么，如何理解有理想、有本领、有担当？

有理想，就是有明确的目标追求，有端正的人生态度和正确的价值观，有为人类、为国家、为社会的进步事业勤奋学习、努力拼搏、贡献力量的大情怀。具体表现为：热爱祖国、热爱人民、热爱中国共产党，热爱社会主义制度，能够理解和自觉践行社会主义核心价值观。明确人生发展方向，追求美好生活，能够将个人追求融入国家富强、民族复兴、人民幸福的伟大梦想之中。举止文明，情趣高雅，健康阳光。

有本领，就是不仅有扎实的文化知识，而且具有独立思考、逻辑推理、信息加工、终身学习、语言表达、文字写作素养等能力，和善于观察、敢于质疑、勇于探索、乐于创新的品质。具体表现为：初步掌握现代化社会所需要的知识与技能，能够在知识情境中发现问题，并灵活运用所学知识分析和解决问题；具有积极的心理品质，自理自立，富于想象，具有健康的审美情趣和初步的艺术鉴赏和表现能力；会交往、善沟通，具有基本的合作能力和团队意识。

有担当，就是有责任感，有集体观念，有进取精神，有正义感，吃苦耐劳、自律自强、遵规守纪。具体表现为：坚毅勇敢，勤俭节约，不怕困难，保持奋斗进取精神；遵规守纪，诚实守信，知行合一，具有社会民主观念和法治意识；孝亲敬长，团结友爱，热心公益，具有集体主义精神；热爱自然、保护环境、珍爱生命，具有文明健康的行为习惯；关心时事，坚持真理，维护社会公平正义，具有国际视野和人类命运共同体意识。

相比前两个关于核心素养的概念，第三个概念将核心素养的内涵主要聚焦于有本领、有担当，或关键能力和必备品格两个方面。部分学者认为，核心素养应包括两大素养群，即专家思维和复杂交往。钟启泉教授提出，核心素养的核心是真实性。所谓真实性，就是解决真实问题的能力。真实性的两大支柱是专家思维和复杂交往。从这个角度理解，核心素养就是专家思维加复杂交往能力。

那什么是专家思维呢？简单讲，专家思维是指专家理解学科、思考世界的思维方式和操作程序。专家思维是认知能力与创新能力的结合。复杂交往就是合作能力。

综上所述，关于核心素养，虽然在不同文本中所给的定义不尽相同，不同的人对其内涵的理解也有一定的差异，但我们仍然能够从中找到一些共通的特质，那就是，核心素养是一个人通过学习、训练所获得的，能够在真实情境中，面对真实问题时所具有的应变能力、思考能力、创新能力、合作能力、宽阔视野和进取精神。核心素养是伴随终身可持续发展，与时俱进的动态优化过程，是个体能够适应社会、促进终身学习、实现全面发展的基本保障。

就目标而言，核心素养指向教育应培养怎样的人，体现了全人教育的理念和立德树人根本任务。

就内容而言，核心素养是知识技能、过程方法、情感态度价值观的综合表现。核心是解决真实问题的能力，支柱是专家思维和复杂交往。

就功能而言，核心素养兼具个人价值和社会价值，不仅对个人人格完善、思维发展、成长成才具有积极意义，而且对推进科技创新、社会文明进步、人类和平幸福具有积极的意义。

就性质而言，核心素养也具有政治性。

二、学科核心素养与核心素养的关系

为了避免在具体的教育教学实践中无法将发展学生核心素养与课程教学相融合，各学科在新修订的学科课程标准中，都凝练了本学科所要培育的核心素养，称之为学科核心素养。所谓学科核心素养，在各学科课程标准中将其定义为：学科核心素养是学科育人价值的集中体现，是学生通过学科学习而逐步形成的正确价值观念、必备品格和关键能力，并将核心素养的具体内涵指标贯穿于课程性质、理念、内容、实施、评价各个环节之中。

义务教育各学科课程要培育的核心素养如表1。

表1　各学科核心素养指标

学科	核心素养指标
道德与法治	政治认同，道德修养，法治观念，健全人格，责任意识
语文	文化自信，语言运用，思维能力，审美创造
历史	唯物史观，时空观念，史料实证，历史解释，家国情怀
数学	用数学的眼光观察现实世界，用数学的思维思考现实世界，用数学的语言表达现实世界
英语	语言能力，文化意识，思维品质，学习能力
地理	人地协调观，综合思维，区域认知，地理实践力
物理	物理观念，科学思维，科学探究，科学态度与责任
化学	化学观念，科学思维，科学探究与实践，科学态度与责任
生物	生命观念，科学思维，探究实践，态度责任
科学	科学观念，科学思维，探究实践，态度责任
信息科技	信息意识，计算思维，数字化学习与创新，信息社会责任
体育与健康	运动能力，健康行为，体育品德
艺术	审美感知，艺术表现，创意实践，文化理解
劳动	劳动观念，劳动能力，劳动习惯和品质，劳动精神

从以上各学科核心素养指标不难看出，学科核心素养的提炼，不仅严格遵循核心素养的共通性，即必备品格、关键能力、价值观念，同时又具有鲜明的学科特点，体现学科独特的育人价值。以地理学科为例，《义务教育地理课程标准（2022年版）》将地理学科所要培育的核心素养指标确定为"人地协调观、综合思维、区域认知、地理实践力"。其中，人地协调观是地理课程内容蕴含的最为核心的价值观，综合思维和区域认知是学生建立人地协调观所需要的重要思维方式和关键能力，地理实践力是学生秉持人地协调观、运用综合思维和区域认知的思维方式和方法，在分析解决地理实践中的具体问题时应该具备的行动能力和意志品质。四大核心素养构成了一个相互联系的有机整体，与中国学生发展核心素养、领域核心素养、义务教育培养目标之间的关系如图1。

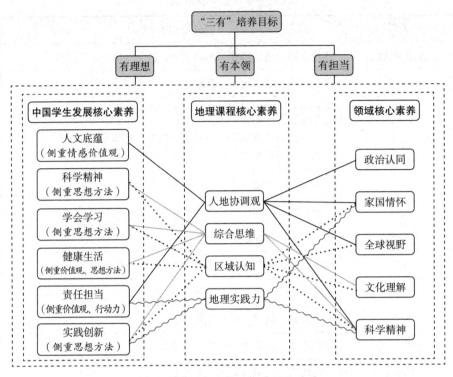

图1 培养目标与核心素养间的关系

结合学科核心素养的内涵，各学科又提炼出了清晰、有序、可评的课程目标，每一个目标要求，均围绕学科核心素养的一个方面，从学科核心知识、学科思维方法与技能、思想观念等三个方面进行描述。地理课程目标与核心素养如表2。

表2 地理课程目标与核心素养

地理课程要培育的核心素养	核心知识	思维方法与技能（关键能力）	思想观念（价值观念）
人地协调观	初步认识地理环境是人类生存的基础，人类活动深刻影响着地理环境，协调人地关系是人类社会可持续发展的必然选择	能够运用所学的知识、方法和工具，对世界、中国、家乡出现的人口、资源、环境和发展问题做出初步的分析和评价	能够立足家乡、胸怀祖国、放眼世界，初步树立人与自然和谐共生的观念

地理课程要培育的核心素养	核心知识	思维方法与技能（关键能力）	思想观念（价值观念）
综合思维	初步理解地理事物和现象是由地理要素在不同的时空条件下相互作用形成的	能够通过观察、比较、分析等方法，认识地理事物和现象的自然、人文特征及时空变化特点	初步形成从地理综合的视角看待和分析问题的意识和能力，能够初步具备崇尚真知、独立思考、大胆尝试的科学精神
区域认知	初步理解地球上有不同尺度、不同类型的区域，每一个区域都有各自的特征，不同区域之间会产生联系	能够运用多种地理工具获取区域信息，认识区域特征、区域差异和区域联系	初步形成从空间—区域的视角看待和分析区域问题的意识和能力；能够增进热爱家乡、热爱祖国的情感，形成"人类命运共同体"意识
地理实践力	初步掌握地理实验、社会调查、野外考察等地理实践活动的基本方法	能够在真实环境下，运用所学知识和地理工具，通过地理实践活动，观察和感悟地理环境及人们生产生活的状态，尝试解决实际地理问题，增强信息应用、实践操作等行动能力	能够在实践活动中养成乐于合作、勇于克服困难的品质

三、课程教学如何落实核心素养

为了将学科核心素养落到实处，各学科课程标准从课程的基本理念、课程内容（包括内容要求、学业要求、教学提示）、课程实施三个方面提出了非常明确的要求。下面以《义务教育地理课程标准（2022年版）》为例。

在课程理念中，明确指出：推进教学改革，倡导以学生为中心的地理教学方式。提出"要依据学生的认知基础和成长规律，充分考虑学生的生活经验和差异性，将现代信息技术与地理教学充分融合，创设多样化的学习情境，设计多层次的学习任务，积极开展地理户外实践，使学生深度参与地理学习活动，经历对提升核心素养有意义的学习过程"。

在"教学提示"部分（以"主题三 地球的表层"为例），再次强调

"运用全球和区域资料，结合具体内容，设计不同的教学情境，从情境中引发问题，再转化为解决问题的任务，促进学生在完成任务的过程中领会和建构知识。如运用地图和相关资料，了解世界地形、世界气候基本的空间分布特征；结合具体案例，运用数据、图像等资料，描述和简要归纳世界人口、城乡、文化的基本特征和空间分布特点；运用比较、分析的方法，认识世界发展差异与经济全球化的重要意义……"

在"课程实施（教学建议）"部分，指出：地理教学要以立德树人为根本任务，以培育学生的核心素养为导向，以学生已有认知基础为起点，遵循学生发展规律，聚焦重要课程内容，合理选择教学素材，优化、丰富学习活动。教师既要保持板书、板图等传统地理教学手段的优点，又要融合运用现代教育技术手段，不断改进教学方法，突出学生的自主、合作、探究式学习，设计具有整体性的教学活动过程。并就如何设计教学目标，如何选择和整合教学内容，如何创设教学情境，如何实际开展教学任务和活动，如何强化基于真实体验的地理实践活动，如何开展教学评价以促进学生真实学习等问题，给出了具体的建议。

基于此，课堂教学要真正实现育人目标，就必须深入学习和领会课程标准，做到严格依标教学。要深入分析和解读教材，真正理解并把握课程内容中究竟蕴含哪些核心素养，如何挖掘出核心素养，如何厘清核心素养的属性及其相互的内在关系，如何构架教学结构，不同的核心素养需要辅以怎样的教学契机，学生需要经历怎样的教学过程才能真正提升核心素养，在此基础上，精心创设教学情境，设计有助于学生自主、合作、探究的教学任务和教学活动，引导学生积极开展学科实践活动，经历和体验学习过程，实现真实学习和深度学习。落实依标教学，应从依标备课、依标上课、依标评价三个层面整体推进。

（一）依标备课

首先是指在教学目标的设定上，要立足于学科核心素养的培养，挖掘课程内容中所蕴含的核心素养，并厘清其属性及其相互的内在关系，并根据不同核心素养培育的教学契机和学生学习过程，准确完整地融入教学目标之中。作为地理教师，在制定教学目标时，要根据"内容要求"和"学业要求"，并结合具体的课程内容，充分考虑学生通过哪一部分地理知识的学习，并经历怎样的学习过程可发展综合思维（综合地、动态地、全面地看待问题的思维方式），通过哪些知识的学习，以及经历怎样的学习过程可培养区域认知（从地方、区域的角度，分区、分类认识人地关系的思维方式），哪些内容有助于强化人地协调观（从人类活动与地理环境相互关系的角度，认识地理环境对人类活动的影响），哪些学习活动可提升地理实践能力（提升地理观察、考察、调查、实验的能力，地理图文信息的解读能力，地理思维方式、方法的应用能力），然后制定出具体、可操作、可测量的教学目标，将"教—学—评"联系起来。其次是指在教学内容的选择上，要依据内容要求，对教材进行钻研和整合，突出学科核心概念和核心知识，按照知识发生的逻辑线索和内在的逻辑联系建构完整的知识体系，体现知识背后所蕴含的科学思想、文化价值、生活意义。再次是指在教学方法的选择上，要尽量突出学生的主体地位，根据"内容要求""学业要求"和"教学提示"，将教学过程设计成一个个驱动性任务或可实施的探究性活动，以便为学生提供更多自主学习和合作探究的机会。因为，没有学生的主动参与和亲身体验，核心素养就不可能真正形成。

（二）依标上课

首先是要按照核心素养形成和发展的规律——"在具体情境中"，使教学内容情境化。通过创设问题情境，让学生以情境为依托，围绕发现问题、分析问题、解决问题，经历地理思维发展的过程，建立与问题相关联的知识结构与思维逻辑。其次按照素养形成的实践性要求，突出学科活动和地理实践。教学过程要引导学生以任务为载体，经历观察、猜测、联想、模型制作、实验验证、数据分析、推理论证等体验性、探究性学习活动，让学生在活动中形成个性化的感知、感悟和价值判断，从而建立起知识间的关联，提升理性思维。同时，要积极创造条件组织学生开展地理研学实践活动，将学生带到野外，带进大自然，置身于真实的情境中，通过亲眼观察、亲手触摸、亲身体验，感知、感悟和理解大自然的神奇力量，培养善于观察、勇于探究、勤于思考的学习习惯。

（三）依标评价

以学生的学习行为表现为评价依据。学生的学习行为表现分为学习中表现和学习后表现。学习中表现主要体现在：学习目标明确，学习态度端正，学习方法正确，参与学习的积极性高、注意力集中，能够沉浸式学习，能够主动与同伴合作，能够尝试通过动手、动脑来解决具体问题等。学习后表现主要体现在：会观察——能正确观察各种图表、模型来提取有效信息；会阅读——能够通过阅读图文资料收集和提取关键信息；会思考——能够对收集和提取的关键信息运用地理原理和思维进行分析，并建立联系；会描述——能够运用规范、简洁的语言对地理事物的位置、形态、变化趋势行进描述；会解释——能够正确运用所学地理知识对所观察到的地理现象发生的背景、原因进行解释；会证明——能够演示、实验、数据推理、建立模型等方式，对所给出的结论进行举例验证；会分析——能够对给定的地理现象从不同角度、不同层面进行解释和说明等。依标评价的重点不是关于知识量的积累，而是学生在本学习过程中的行为表现和完成本课程学习后的学习成就表现（具体可参见"学业质量"部分）。

如何叙写核心素养导向的教学目标

教学是一项在明确目标导向下的，有计划、有组织的师生双边活动。学什么、怎样学、学到什么程度是教学设计需要解决的首要问题。因此，设计简明、合理、可操作、可测量的教学目标，是构建课堂教学活动的先决条件，决定着教学的成效与价值导向。教学目标的准确制定，对教学实施有着引领性、规定性的重要作用。教学实施中涉及的教学立意、教学内容整合、教学过程设计、教学活动组织以及教学评价等，都是由教学目标派生的，与教学目标有直接的关联。然而，仍有相当一部分教师对如何准确提炼和规范叙写教学目标并依此来展开教学设计缺乏足够的重视，教学目标的叙写方式存在诸多问题，有些甚至还停留在强调"双基"的时代。"让核心素养落地"是新一轮课程方案和课程标准修订的根本要求，当然也是教师制定教学目标、设计教学活动时的基本要求。本文就如何叙写核心素养导向的教学目标，并以此为规范和引导教学的"总开关"，实现由知识导向的教学向素养导向的教学转变，从而使学生核心素养的发展能够有清晰的定位进行探讨。

一、教学目标的作用

教学过程是教师根据教学目的、任务和学生身心发展特点，指导学生有目的、有计划地进行学习活动，让学生掌握系统的文化科学基础知识和基本技能，同时身心得到一定的发展，形成一定的思想品德的过程。可见，教学首先要有明确的教学目标。教学目标作为教师所预期学生阶段性学习结果，是课程目标在教学实施时的具体落实，既用于统领教学设计的内容、方法、活动、评价，也用于教师和学生把握自己"教"和"学"的方向，是课程的育人功能、教学内容的教育价值和学生学习的意义三者的综合体现，是教学活动的灵魂。具体地讲，教学目标至少有以下四个方面的功能。

（一）导向功能

教学目标引导教学的方向，即清楚"到哪里去"。它不仅有助于教学活动始终按预定的目标和方向进行，而不至于陷入盲目的状态，而且有助于有意义的结果的达成，避开无意义或不符合预定方向的结果。同时，能提高教学活动的效益，使教学活动做到事半功倍。

（二）标准功能

教学目标能够为教学评价提供标准。教学评价的对象是多方面的，涉及教师的教、学生的学等。教学评价的标准也是具体的、具有针对性的，一是看学生是否发生了"真实的学习活动"，二是看学生的学习是否符合学科的特点和学生的认知水平，三是看学生的发展变化是否符合预期的效果。但其核心是学生最终的发展变化。因此，为保证"教—学—评"一致性，教学目标的表述通常是围绕学生的发展变化来进行的；也就是说，对教学效果的评价可以以教学目标为依据，根据目标的达成度来判断教学效果的好坏、教学质量的高低。

（三）调控功能

教学目标能够对教学过程起到调节和控制的作用。教学目标是具体的、可操作的，能够对预期结果的标准和要求做出描述，同时，对目标达成的过程和方法做出具体规定，即，不仅知道"去哪里"，还要知道"是否按要求到达"。因此，用教学目标可以检测教学的效果，及时发现问题，并诊断问题的成因，从而对教学过程进行有针对性的调控，以保证教学活动顺利地展开，取得实际的成效。

（四）激励功能

教学目标能够对师生产生激励作用。从学生的角度看，教学目标能够起到激发学习动力的作用。首先，当教学目标与学生的内部需要相一致时，学生就会为了满足内部需要而努力；其次，当教学目标与学生的兴趣相一致时，教学目标就能够激发学生的学习兴趣，让他们为实现目标而努力学习；再次，当教学目标的难度适中时，能够较明显地起到激励学生学习活动的作用。从教师的角度来看，由于教学目标是清晰而具体的，所以教师在每一次教学工作之后，都能够及时地了解目标达成的情况，看到学生的发展变化和不断进步，这有助于教师及时肯定自我，增强教学自信。

基于此，2022年3月，教育部印发的各学科《义务教育课程标准（2022年版）》中，在"课程实施"的"教学建议"部分，都突出强调了如何制定教学目标以及制定什么样的教学目标。

二、教学目标的演变

教学目标一般可分为课程目标、单元目标和课时目标，本书主要探讨课时目标。随着我国课程改革从"双基目标"到"三维目标"，再到现在的"核心素养目标"的演替和迭代，老师们呈现在教案中的"教学目标（单元目标和课时目标）"的叙写方式可谓五花八门、形形色色：有的还在沿袭"双基"时代的叙写方式；有的仍在套用"三维目标"的叙写方式；有的在尝试按照核心素养的培养要求设计教学目标，但在叙写方式上存在生搬硬套核心素养名称、并将核心素养人为割裂的情况，其实质仍然是知识导向而非素养导向。具体表现在：①缺乏整体设计，三维目标割裂，缺乏对学科育人价值认识和落实的整体考虑；②学习主体不清，关注"教"而非"学"，缺乏对学科逻辑和学习逻辑的整合；③重知识点落实，学习过程缺失，重点指向知识和解题方法，而非素养；④缺乏可操作性，难以测量评价，叙写动词内化而非外显，无法体现"教—学—评"的一致性。

那么，我国不同时期的教学目标及叙写方式有何不同呢？下面就各个时期教学目标的立意及叙写方式做简要回顾。

（一）"双基目标"时期教学目标立意和叙写方式

"双基目标"时期（2000年以前）的教学立意重视基础知识、基本技能的传授，讲究精讲多练，主张练中学，追求基础知识的记忆和掌握、基本技能的操演和熟练，以使学生获得扎实的基础知识、熟练的基本技能和较高的学科能力为价值追求。由于学生获得知识的渠道较为有限，为了让学生能够在有限的时间内掌握更多的知识和技能，提高教学的效率，过多地强调教师的专业功底和讲授技能，因此，教学目标的叙写格式大多为"通过讲授（或讲解）让学生了解……""通过演示（示例）或剖析让学生理解……""通过练习（记忆）使学生掌握……"等。可见，这一时期关于教学目标的叙写及其立意有三个突出的特点：一是经常会用到"让""使"等词语，凸显教师在教与学中的主导地位和作用，而学生则处在"被支配""被教育"的地位；二是常会使用诸如"了解""理解""掌握"等词语，这在一定程度上只是反映"教"的深度和广度，很难检测学生学习后达到的能力水平；三是最后的落脚点都落在了"概念""原理""技能"上，体现了以掌握基础知识和基本技能为目的的教学要求。

（二）"三维目标"时期教学目标立意及叙写方式

2001年，教育部印发《基础教育课程改革纲要（试行）》正式提出课程"三维目标"，即知识与技能，过程与方法，情感、态度与价值观。上述课程目标的提出，标志着课程教学不仅强调学生对学科知识技能的习得，同时还强调对过程与方法的学习以及情感、态度与价值观的培养。这种原本作为课程目标的表述方式，在给一线老师在叙写具体的单元和课时教学目标提供借鉴的同时，又造成了一定程度的误解。表现在一些老师在叙写教学目标时，常常会机械地套用"知识与技能""过程与方法""情感、态度与价值观"三个维度，人为地将本应该作为整体的教学目标割裂成"三类"目标，并贴上标签，而且还延续了"双基目标"中凸显教师主体地位和难以检测的一些行为动词。常见的叙写格式为以下几种。

知识与技能目标："让学生了解……""归纳……"

过程与方法目标："运用……""让学生学会……"

情感、态度与价值观目标："培养学生……"

事实上，"三维目标"并不是分裂开的三类目标，而是同一个目标的三个方面，因此，正确叙写方式应该是将三个维度的目标有机整合，融为一体。例如，"通过观察、分析……过程，识别……，并进行……操作，形成……态度（观念）"。

这个教学目标中，可以看出既有知识与技能方面的目标——"识别……"，也有过程与方法方面的目标——"通过……，进行……操作"，还有情感态度与价值观方面的目标——"形成……态度（观念）"，而且，三者是有机结合的。三者之间的逻辑关系是，"识别"是基础，"操作"是过程，"态度"是升华。这就意味着，情感、态度与价值观是课程学习所要达成的最高位的目标，这样一个高位目标的实现需要通过学科知识的学习来建构，而知识的学习不是由老师强行灌输的，而是在老师的指导下，通过一定的方法和过程来获得的。教学的目的，既是为了让学生获取并掌握相应的知识与技能，也是为了让学生掌握获取知识的方法和过程，最终提升学生的情感态度和价值观。

（三）核心素养导向下的教学目标立意及叙写方式

核心素养导向的课程教学强调的不再只是学科知识与技能的习得，而是学生在学习知识时所表现出来的投入程度、思维方式、情感态度，以及学生在学习完某学科课程后应达成的必备品格、关键能力和正确价值观。具体地讲，就是学生在真实情境中，运用所学知识解决复杂问题的能力。比如，以前我们在讲一门课程时，更多关注的是给学生讲授哪些知识和技能，而不太关注学生学习和掌握这些知识后会有什么改变、什么变化、什么影响。而现在，教师要教这门课程时，首先应该思考的是，这门课程的开设和学习会给学生带来什么改变或"可迁移性的知识"。就一节课而言，以前教师在上课前，更多考虑的是今天要让学生学会哪些"知识和技能"、会做哪些练习题，不太关注学生为什么要学习这些知识（知识背后的思想和方法、价值、意义）以及怎样学习和掌握这些知识。而现在，教师在上课时，首先要考虑的是，这节课的学习要培育学生哪方面的品格、能力和价值观，传授什么样的知识、怎样的学习方式才能达成以上目标。因此，作为教学向导的教学目标，要在设计理念上立足于核心素养的培养要求和发展特点，既要体现核心素养培育的整体性，又要根据不同内容对核心素养培育的侧重点突出针对性，避免简单套用核心素养的名称；而且在叙写方式上，要尽量按照核心素养的培养路径和评价指标，做到简明、具体、可操作、可测量。

关于如何叙写核心素养导向下的教学目标，其实在教育部2022年印发的义务教育各学科课程标准中都已给出了正确的叙写方向。

比如，在《义务教育历史课程标准（2022年版）》中，关于如何叙写教学目标，就有如下建议：

（1）根据学生现有的认知水平确定其经过学习后在核心素养方面的达成度，避免以单纯识记知识作为教学目标；

（2）确定核心素养五位一体的综合性教学目标，改变以往机械地分别列出知识、能力、方法、情感态度与价值观的目标表述；

（3）教学目标的制定要以课程目标、学业要求和学业质量标准为依据，聚焦问题解决的实际程度，尤其是学生探究问题和解决问题的正确价值观、必备品格和关键能力；

（4）教学目标要具有可操作性和可检测性，使之指向学生通过学习表现出来的进步程度。

在《义务教育地理课程标准（2022年版）》中，关于教学目标设计，也明确指出：教学目标的表述，要充分体现地理课程不同阶段核心素养培育的侧重点，避免机械套用核心素养的名称；各项目标之间既有层次，又有联系，做到具体、可测。

在《义务教育语文课程标准（2022年版）》中提出：教师应从培养核心素养出发，把握四个方面整体交融的特点，设定教学目标时既有所侧重，又融为一体。注意教学目标之间的关联，避免将核心素养四个方面简单罗列。

此外，我们还可以借鉴《普通高中地理课程标准（2017年版2020年修订）》中的相关表述，在设计教学目标时，教师尤其应注意以下三点：一是要以问题解决的水平作为教学目标的核心内容，避免将核心素养的四个方面机械地分离；二是所制定的教学目标要结合教学内容和学生的实际水平，使教学目标具有可操作性，通过教学能够达成；三是教学目标要有可检测性，能够衡量出学生通过学习所表现出来的进步程度。

基于此，核心素养导向教学目标的叙写应把握以下要点。

（1）教学目标是对学生学习结果的描述，因此主语必须是学生，而非教师；

（2）教学目标要特别关注学生的学习方式和行为表现背后的价值（意义获得、思维品格、方法凝练）；

（3）教学目标叙写的基本结构为，学习主体（可省略）+学习活动与方法+学习内容+学到什么程度（学生运用什么工具或资源，通过什么具体的学习活动，知道什么内容，经历、体验或表现什么，形成或发展什么核心素养）；

（4）教学目标叙写的一般格式为，学习任务或情境+行为动词（要测评的行为表现和程度）+要达成的核心素养（知识内容、品格、情感、观念）。

可见，核心素养导向的教学目标必须具有以下四个方面的要素，即行为主体、行为动词、行为条件、目标达成程度。

明确行为主体。核心素养导向的教学目标所表述的应该是教学活动结束时学生身心发生的变化或者达到的状态，因此，教学目标表述中的主体一定是学生，如"学生能够……"。诸如"让学生""培养学生""发展学生""帮助学生"的表述都是不规范的，它意味着教师是行为主体。

廓清行为条件。行为条件是指学生学习相关知识技能时应借助的具体工具、路径和手段等。对条件的表述有不同的类型：一是关于是否使用工具与辅助手段，如"在中国行政区划图中，能找出……""阅读世界地图，描述……，说出……""通过查字典、词典，能……"；二是提供信息或提示，如"运用图表数据和文字资料，简要归纳……""借助关键词能背诵……""联系上下文能理解……"；三是时间的限制，如"在10分钟内，能……"；四是完成行为的情景，如"在小组讨论时，结合教材，能概括……"；五是人为因素，包括独立进行、小组进行、在教师的指导下进行等，如"通过合作学习、小组的讨论，制定……""通过自行设计活动方案，体验……"等。只有规定了这些限制性的条件，目标的检测才更有针对性，具有可操作性。

选用行为动词。一是学生应采用什么具体的学习活动，如观察、演示、朗读（默读）、表演、绘图等；二是学习活动结束时学生所形成的可观察、可检测的行为表现，如"说出、归纳、说明"等表述特定动作的外显行为动词。有些教学参考资料和教案中经常用诸如"理解、领会、了解、认识、欣赏、体会"等与心理或认知有关的动词表述教学目标，我们很难检测学生是否真正理解了或掌握了目标，这就导致了教学目标的空泛。因此，在叙写时，我们应尽量选用那些描述学生所形成的可观察、可测量的具体行为的词语，如"说出、列出、认出、辨别、比较、背诵"等，而且要注意，学生的学习水平不同，教学目标的表述也会不同。比如在认知方面，针对学生学习结果的了解水平，常用的动词有"说出、描述、背诵、辨认、回忆、举例、复述"等；而针对理解水平，常用的动词则是"解释、说明、阐明、比较、分类、归纳、概述、概括"等。所以，选行为动词时要把握好不同学习水平的不同表述。

明确目标达成度。目标达成程度指学生对目标所达到的表现水准，用以测量学生学习的结果所达到的程度，如"能准确无误地说出……""能详细地写出……""能客观正确地评价……""能熟练背诵……"等，这些表述中的状语部分，便是限定了目标水平的表现程度，便于检测。

三、核心素养导向的教学目标叙写建议

（一）遵循以下基本原则

1. 体现核心素养导向

紧扣课程要培育的核心素养内涵，体现学习对学生精神成长、思维发展、能力提升的价值和意义。

2. 以学生为学习主体整合三维目标

不仅要突出课程学的核心内容，还要表现出学习的路径和过程，明确学生学习后的行为表现。力求让学生在真实情境下，学习并应用所学解决问题。

3. 利于测量和评价

以学生的学习表现为评价目标，体现学生的学习过程和结果，并以行为动词描述学生的学习水平。

4. 整体统筹单元与课时教学目标

单元教学目标要突出单元整体，体现单元在主题中的统摄作用，表述注重综合性、可操作性、可测量性；课时教学目标是对单元教学目标的细化和具体化，要突出阶段性、连续性、递进性，体现学生的学习过程，突出核心素养在学习中的落实和水平提升，体现"教—学—评"一致，表述应简明、具体、可操作、可测评。

（二）做实做细教学分析

1. 领会核心素养

义务教育阶段各学科的核心素养都涉及多个方面，如道德与法治学科的核心素养就包括政治认同、道德修养、法治观念、健全人格、责任意识等五个方面；地理学科的核心素养包括区域认知、综合思维、人地协调观、地理实践力等四个方面；语文学科核心素养包括语言建构与运用、思维发展与提升、审美鉴赏与创造、文化传承与理解等四个方面。教师不可能在每一节上将这几大素养都一一落实，这就需要根据不同的教学内容、学生的学习情况，确定一个核心的目标，然后围绕这个核心目标来设计教学目标。即便是有些教学内容能够与多个核心素养都有联系，或能够体现多个核心素养，但

由于教学时间的限制，教师还是需要有所取舍，确定这节课的核心目标。只有这样才能突出教学重点，更好地培育和发展学生的核心素养。

2. 研读课程标准

学科课程标准从课程性质、课程理念、课程内容、课程实施、课程评价五个维度对课程教学如何落实核心素养做出了明确、详尽的规定，为教学目标的叙写提供了基本规范。研读的重点是课程目标、内容要求、学业要求和教学提示。新课标的课程内容由内容要求、学业要求和教学提示三部分构成，形成一个立体的、动态的结构，改变了原来的课程内容只划定知识范围、线索和要点的方式，将学生所学内容与核心素养发展结合起来，使教师明确学生为什么学、学什么、怎么学、学到什么程度，并对学习主体、行为条件、行为动词都有具体的要求，为教学目的提炼和叙写提供了直接的参考依据。

3. 深入分析教材

教科书是学科专家依据课程标准编制的、系统反映学科内容的教学用书，是课程标准的具体化，也是教师开展教学设计和学生开展学习活动、建构知识、提升能力的直接素材。分析教材的重点是将教材内容结构化，并转化为教学内容。教材内容是教科书上呈现的内容，教学内容是在课堂上呈现的与具体目标相匹配的内容。分不清这两者的关系，是导致教学目标叙写失败的根源所在。教学内容分析包括：从知识结构的角度分析知识点构成、线索、内在逻辑及蕴含的育人价值；从课程和教材的角度分析该部分知识与前、后学段知识之间的联系，不同教材的不同处理方式等；从知识应用的角度分析该知识在日常生活、现代科技等方面的应用；从横向联系的角度分析该知识与其他学科或课程的联系。知识不等于素养，但素养的培育离不开知识。指向核心素养的教学目标设计不回避知识，但需挖掘出知识背后所蕴含素养成分。

4. 准确把握学情

教学目标的设定一定要立足于学生的"最近发展区"，有利于促进学生自主学习。学情涉及的内容非常广泛，学生各方面的情况都有可能影响学生的学习。学生已有的知识结构、学生的兴趣点、学生的思维方式、学生的认知状态和发展规律，学生生理心理状况、学生个性及其发展状态，学生的学习动机、学习兴趣、学习方式、学习时间、学习能力，学生的生活环境、学生的最近发展区、学生的感受、学生的成功感等，都是进行学情分析的关注点。

四、核心素养导向下的教学目标叙写示例

以下基于湘教版地理教材，展示目标叙写示例。

示例1　七年级上册第二章《地球的面貌》第四节　海陆变迁

【内容要求】

结合实例，说明海洋和陆地处于不断的运动和变化之中；说出板块构造学说的基本观点，并解释世界火山、地震带的分布与板块运动的关系。

【教学目标】

1. 阅读相关资料和地震、火山活动的图片，结合小学所学知识，说明地球上的陆地和海洋并不是静止不动的，而是处于不断的运动和变化之中（区域认知、综合思维）；

2. 借助图文资料，说出六大板块的名称和范围，简要归纳板块构造学说的基本观点（区域认知、综合思维）；

3. 对比世界主要火山、地震带分布图和六大板块划分示意图，解释世界火山、地震带的分布板块运动的关系（区域认知、综合思维）；

4. 通过观看火山、地震的图片和视频，说出火山、地震对人类造成的威胁以及预防地震和自救逃生的主要方法，树立尊重自然、预防灾害的意识（综合思维、地理实践力）。

示例2　七年级上册第四章《世界的气候》第一节　天气与气候

【内容要求】

收看天气预报节目，识别常见的天气符号，模拟播报天气预报。

【教学目标】

1. 观看天气预报视频并结合生活经验，说出天气的特点，认识天气对人们生产、生活的影响，会区分"天气"与"气候"的概念，并联系实际正确运用（综合思维、地理实践力）；

2. 看常见的天气符号图，能准确说出不同天气符号代表的天气情况，能看懂简单的天气图（地理实践力）；

3. 阅读相关图表，知道空气质量好坏的表示方法，用实例说明人类活动对空气质量的影响以及保护大气环境的重要性（地理实践力、人地协调观）。

示例3　七年级下册第七章《了解地区》第一节　东南亚

【内容要求】

运用地图和相关资料，描述某地区的地理位置，简要归纳自然地理特征，说明该特征对当地人们生产生活的影响。结合实例，说明某地区发展旅游业的优势。

【教学目标】

（一）单元教学目标

1. 运用地图和相关资料，描述东南亚的位置和范围，简要归纳其自然地理特征（区域认知、综合思维）；

2. 结合实例，说明东南亚自然环境特征对该地区人们生产生活的影响，在此基础上，初步学会认识地区地理特征以及人地关系的基本方法，初步认识到尊重自然、保护自然的重要性（人地协调观、综合思维）。

（二）第一课时：东南亚地理区位和自然环境

1. 运用世界地图和东南亚地图，准确描述东南亚的位置和范围（区域认知）；

2. 运用东南亚地形图、地形剖面图、气候类型图等，简要归纳东南亚的地形、气候、河流等自然地理特征（区域认知）；

3. 尝试概括认识一个区域地理位置、自然地理特征的工具，以及利用该工具概括和自然地理特征的基本方法（综合思维、地理实践）。

（三）第二课时：东南亚工农业生产及人类活动

1. 结合现实生活实例，运用东南亚工农业、交通运输分布图，景观图片和文字资料，说明东南亚自然地理特征对该地区人们生产生活的影响（综合思维）；

2. 在东南亚学习的基础上，尝试小组合作，通过查找一个陌生区域的相关资料，说明该区域自然地理特征是如何影响人们生产生活的，初步认识到尊重自然、保护自然的重要性（地理实践、人地协调观）；

3. 开展交流和讨论，尝试概括分析一个地区自然地理特征与当地人们生产生活关系的基本方法（综合思维）。

示例4　七年级下册第八章《走进国家》第三节　俄罗斯

【内容要求】

1. 运用地图和相关资料，说出某国家的地理位置、范围、领土构成和首都；选择与该国地理位置差异明显的国家，比较他们纬度位置和海陆位置的差异。

2. 运用地图和相关资料，描述某国家突出的自然地理特征；

3. 运用地图和相关资料，联系某国家的自然地理环境特点，结合实例简要分析该国因地制宜发展经济的途径；

4. 运用地图和相关资料，说出某国家人文地理的主要特点及与自然地理环境的联系。

【教学目标】

（一）单元教学目标

1. 运用地图和相关资料，说出俄罗斯的地理位置、范围、领土构成和首都（区域认知）；

2. 运用地图和相关资料，描述俄罗斯的地形、气候、河湖特征及区域差异（区域认知、综合思维）；

3. 运用地图和相关资料，联系俄罗斯自然地理环境及自然资源特征，结合实例简要分析俄罗斯因地制宜发展经济的途径（综合思维、人地协调观）；

4. 运用地图和相关资料，说出俄罗斯的人口、城市、文化等人文地理特点及与自然地理环境之间的关系（区域认知、人地协调观）；

5. 进一步强化自主运用地图和相关资料，描述一个国家地理位置、自然环境特征，并联系自然地理环境特征，结合实例分析一个国家因地制宜发展经济的途径的方法（地理实践力）。

（二）第一课时：地理位置与自然环境教学目标

1. 阅读俄罗斯在世界上的位置图，说出俄罗斯在世界上的大致位置，并能准确描述其纬度位置和海陆位置（区域认知）；

2. 阅读世界面积居前六位的国家领土面积柱状图和俄罗斯地形图，说出俄罗斯的领土范围、领土构成和首都（区域认知）；

3. 阅读俄罗斯地形分布图，找出俄罗斯的主要地形区，说出俄罗斯的主要地形类型和分布格局，并根据所给的地形剖面图归纳其地势特征（区域认知）；

4. 阅读俄罗斯气候分布图、气温曲线与降水柱状图及相关资料，说出俄罗斯的主要气候类型和突出的气候特征（区域认知）。

（三）第二课时：自然资源与经济发展教学目标

1. 运用俄罗斯自然资源分布图和相关资料，简要归纳俄罗斯自然资源特点及对本国工业生产和分布的影响（区域认知、人地协调观）；

2. 运用俄罗斯工农业分布及交通图和相关资料，说出俄罗斯工业、农业、交通运输业主要特点及其与自然地理环境的联系，分析该国因地制宜发展经济的途径（综合思维、人地协调观）；

3. 运用地图和相关资料，说出俄罗斯的人口、民族、宗教特点和主要城市，理解特殊的地理环境对人口、城市分布的影响（区域认知、人地协调观）。

示例5 八年级上册第四章《中国的主要产业》第一节 农业

【内容要求】

借助地图和相关资料，举例描述中国农业生产活动的分布，并运用实例说明科学技术在农业发展中的重要作用。

【教学目标】

1. 借助图表和相关资料，并结合实例，说明农业生产的特点，简要归纳中国农业的地位、发展变化及科学技术对农业生产的重要作用（地理实践力）；

2. 运用中国主要农作物分布图，说明小麦、水稻、棉花、油料、糖料、饮料等作物的空间分布特征，理解农业生产必须遵循因地制宜的原则（区域认知、综合思维、人地协调观）；

3. 借助地图和相关资料，描述中国畜牧业生产特点及空间分布，说明地理环境对人们生产生活的影响（区域认知、人地协调观）。

示例6　八年级上册第二章《中国的自然环境》第三节　中国的河流：长江

【内容要求】

运用地图和相关资料，描述长江的特点，举例说明其对经济发展和人们生活的影响。

【教学目标】

1. 借助长江水系图和相关资料，说出长江的源头、干流流经的省级行政区、注入的海洋，归纳长江水系的特征（区域认知、综合思维）；

2. 借助长江水系图、长江流域地形图，分析归纳长江上、中、下游各段的水文特征（区域认知、综合思维）；

3. 借助地图和相关资料，说明长江在水能开发、航运、水资源利用等方面的巨大价值及长江洪水对中国社会经济发展和人们生活的影响，理解保护长江流域生态环境的重要性（综合思维、人地协调观）。

示例7　八年级下册第六章《认识区域：位置与分布》第一节　东北地区的地理位和自然环境

【内容要求】

运用地图和相关资料，说出某区域的地理位置和自然地理特征。

【教学目标】

1. 运用中国政区图，认识东北地区在中国的大致方位，描述其经纬度位置和海陆位置（区域认知）；

2. 阅读东北地区地形分布图，找出东北地区的主要地形区，说出东北地区的主要地形类型和分布格局，并根据所给的地形剖面图归纳地势特征（区域认知）；

3. 借助东北地区1月、7月气温分布图和年降水量分布图，东北地区气候类型图，归纳东北地区的气候特征（区域认知、综合思维）；

4. 借助长白山植被垂直变化示意图，说出东北地区主要的植被类型及分布特征，理解地形、气候对植被的影响（区域认知、综合思维）；

5. 进一步熟悉和掌握认识区域地理位置和自然环境的基本方法（地理实践力）。

示例8　八年级下册第八章《认识区域：环境与发展》第二节　台湾省的地理环境与经济发展

【内容要求】

运用地图和相关资料，说明台湾的地理位置、历史文化传统和经济建设特点，认识台湾自古以来就是中国不可分割的领土，以及促进海峡两岸经济社会融合发展的意义。

【教学目标】

1. 阅读中国疆域和行政区划图及台湾地区位置和范围图，说明台湾的地理位置和范围，知道钓鱼岛是中国固有领土（区域认知）；

2. 阅读台湾岛历史及文化传统的相关材料，结合台湾地理位置及形成原因，说明台湾自古以来就是中国不可分割的领土（综合思维）；

3. 阅读台湾岛地形图和台湾岛年平均气温和降水量分布图等，简要归纳台湾岛的地形、气候、河流、自然资源等自然地理环境特征，分析各地理要素之间的关系（区域认知、综合思维）；

4. 阅读台湾地区主要农矿产品及主要工业中心分布图和相关资料，说明台湾地区的经济（工农业、旅游、对外贸易）特点，分析台湾的自然环境和历史文化对其经济社会发展的影响，认识促进海峡两岸经济社会融合发展的意义（区域认知、人地协调观、综合思维）。

对"大概念"教学的几点思考

伴随着《义务教育课程方案和课程标准（2022年版）》的发布，一些新理念、新名词开始走进教师的视野，其中"大概念""大概念教学""单元教学设计"等已成为一线教师和教研员谈论较多的词语。那么，何谓大概念？大概念教学如何实施？虽然有很多专家从不同的角度进行了阐述和解释，但对教学一线的普通老师来讲，似乎仍然一头雾水。为了让复杂问题简单化，同时也有助于老师们在教学实践中做出尝试，笔者就这一问题展开研究。通过阅读大量文献和书籍，特别是刘徽老师的《大概念教学——素养导向的单元整体设计》（教育科学出版社），对"大概念"和"大概念教学"的内涵有一些粗浅的认识。现梳理总结如下。

一、对"大概念"内涵的理解

关于"大概念"，不同的学者有不同的解读。如，"大概念是反映专家思维方式的概念、观念或论题，它具有生活价值""大概念是一种高度形式化、兼具认识论与方法论意义、普适性极强的概念""大概念不仅仅是一个词语，它背后潜藏着一个意义的世界，作为一种深刻思想、学说的负载体，已成为'思想之网'的连接枢纽""大概念是高度概括的、抽象的、揭露本质的，位于知识与观念金字塔的顶端的概念，表述形式可以用词语、短语，也可用句子"……

美国科学协会将"大概念"界定为"能将众多的科学知识连为一个整体的科学学习的核心"。从"大概念"一词的本源来看，"大概念"从英文big idea中来，但"idea"一词并没有"概念"或"知识"之意，而是"思想""观念"的意思。因此，有专家认为与其称为"大概念"还不如叫"大观念"更为恰当。不管是被译成"大概念",还是"大观念",根据"大概念"想解决的问题,即如何像专家一样思考,其内涵可理解为"专家思维",即"专家认识世界的思维方式"。

关于什么是"学科大概念",宁夏大学教育学院王喜斌老师认为,"学科大概念"可理解为"指向学科核心内容和教学核心任务,反映学科本质、能将学科关键思想和相关内容联结起来的、关键的、特殊的概念。这种关键的、特殊的概念,不仅仅是一个名词、一个定义,它超出了一个普通概念的内涵和外延,它可用相关的概念、主题、有争论的结论或观点进行表述。是学科专家认识和解读所研究领域中复杂现象和问题的思维方式"。关于"学科大概念"在教学实务中的意义,王喜斌老师将其归纳为"具有聚焦学科核心内容、明确教学核心任务、引导架构学科知识框架、促进理解型教学、助力实现学科核心素养"等实践意义。

可见,所谓"学科大概念"其实就是能够反映学科核心内容和学科关键思想,兼具认识论和方法论意义、体现专家思维的观点。以地理学科为例,如"地理学是研究地理环境各组成要素相互联系、相互影响以及与人类活动相互关系的科学,具有综合性、区域性特点""气候作为地理环境的重要组成要素,是多种地理要素相互作用的结果。气候学常以气候要素的空间分布图和时间分布图、气候要素的综合关系图和各种气候统计图等记述某地点、某区域或全球范围的基本气候特征,并分析其形成、分布、变化及其与人类活动的相互关系"。这样关于地理学科教学内容的阐述,不再只是简单的名词解释,而是具备专家思维、聚焦学科核心的语句,则可以称其为"学科大概念",理由是,它既反映了"学科核心内容和教学核心任务、反映学科本质",同时,又"兼具认识论与方法论意义",体现了"专家思维"。

二、新课程为何强调"大观念"教学

课程标准的基本出发点,从来不是"教学"这一微观视角,而是国家发展对国民素质的培养要求来制定的,国家发展对国民素质的要求是"提高创新、创造能力"。《义务教育课程方案(2022年版)》将义务教育的目标概括为"有理想、有本领、有担当",所谓"有本领",特别强调,具有学习能力,具有探究能力和创新能力。关于课程标准的编制明确提出,坚持素养导向，体现育人为本。落实党的教育方针，依据义务教育培养目标，凝练课程所要培养的核心素养，体现课程独特育人价值和共通性育人要求。核心素养的核心是真实性，真实性指的就是解决问题的能力。现成的知识、结论，确实可以拿来解决现实中的一些问题，却无法让学生自主开展知识创新。我们以往的学科教学，几乎都是在教学生学习和掌握现成的知识，或者是怎么用知识，很少去关注这些"现成的知识"是怎么被创造出来的，也就是说只重视对"专家结论"的记忆，而忽略了由专家思维到知识产生的过程，这样的教学由于不重视对学生思维方式的培养，也就很难培养学生知识创新能力。所以，"大观念"教学希望让学生不仅掌握知识，更具备知识创新的意识，至少要知道现有的知识是怎么得来的，将来应如何创新。大观念教学强调的不是知识的储备，而是学会学习，学会思考，学会创新。

三、"大观念"对于学生学习是否有用

要回答这个问题，我们首先要思考这样一个问题：假设一个学科中极为庞杂的知识，学生用极大的代价最终全部理解、记住、会用了，这是不是意味着学生也真正理解了这个学科呢？当我们要求学生理解这个或那个知识点时，我们真正想要达到的目的是什么？怎样才能算学生真正理解了呢？

约翰·杜威（John Dewey，1933）在《我们如何思维》中对理解做了清晰的总结，他说："掌握一个事物、事件或者场景的意义，就是要观察它与其他事物的联系；观察它的运作方式和功能、产生的结果和原因，以及如何应用。而那些我们称作无意义的事情，是因为我们没有领悟到它们之间的联系……方法—结果的关系是所有理解的核心。"

学习科学的研究提出：学习，即连接。当学生能把知识和自己的经验建立连接，同时把知识之间也建立起全部连接，从解题角度来说，还要把知识和问题场景之间建立起全部连接，学生才算真正掌握一个知识。学生怎样才能建立起全部连接？作为老师来说，我们如何降低这种难度，帮助学生建立起这种连接？答案是，向所有知识的共通之处去寻找。

当然，在一个学科内部，知识之间肯定是有很多共通之处，这些共通之处，就是将知识串起来的那根绳。不过，当知识数量不断增长，尤其是当学科内不同领域的知识出现后，这些知识之间，又该怎样找到共通之处呢？还

有，如果这些共通之处的数量也非常庞大，需要死记硬背才行，我们又该如何降低这种认知负担呢？有没有一些共通的规律，能统领整个学科的全部知识呢？要想解决这个问题，一个可能性是通过归纳总结的方式，向所有知识的"源头"去寻找"共通规律"。

从另一个角度来看，什么样的思维方式能够散发、生产更多的知识？最早提出"大观念"的研究者怀特海，在1929年就提出了如下理念：教育的重点是少而重要的学科核心观念。就人类的思维特点来说，"少而重要"这一原则，无论对于知识创新、还是对于知识理解来说，都是极为关键的。因为，通过人们看待世界的角度、方式和方法等思维方式来分解事物，既能导致知识的产生，也能帮助学生从本质上理解知识。没有思维方式的帮助，很难真正地理解知识。

爱因斯坦在《物理学的进化》一书中，就这样写道：科学的大部分基本想法本质上是简单的。其实爱因斯坦说的，并非科学知识简单，而是科学的观念简单。而这种简单的观念，就能非常有效地帮学生从深层理解知识的思想和本质。

四、怎样寻找和提炼学科"大观念"

如果我们确认"大观念"是指"少而重要的专家思维方式"，那么让老师根据知识教学的需要自行提炼，显然是不靠谱的。一来，一线教师很难说得上是学科（科研）专家，对于"专家如何理解世界或创造知识"的思维方式未必有深刻理解；二来，有些老师在介绍"大观念教学"实践时，会将不同的知识点提炼出不同的"大观念"，这就不符合"少而重要"这一原则了。很多时候，老师自行提炼出的东西，其实就是总结提炼众多知识的共同规律，往往称不上"大观念"。当然，这样的提炼也是很有价值的。不过它的价值主要体现在对学习的帮助上，尤其是老师将多个知识归并起来进行教学时，会使得这种共同规律更加凸显，确实有助于学生深度理解学科知识。

那么，"大观念"怎样寻找呢？既然"大观念"是指"少而重要的专家思维方式"，那就首先应该向专家学习、了解专家的思维方式。比如，阅读专家的著作，听专家带有科普性质的讲座等。此外，阅读学科发展史对于建立"大观念"是非常有用的。

有老师认为教材中的知识并不容易理解，其中一个重要原因是教材中只是当下的结论，而这种结论所蕴含的人类的思维方式——包括人类是如何一步一步地建立起对知识的理解的思维过程或思维方式，几乎被完全忽略了。如果不知道知识是如何进化到今天这个样子的，知识就不具备可理解性，就如同某种规定或事实一样了。

五、基于学科"大观念"的教学应如何教

如果我们已经知道什么是学科"大观念"了，那么，观念该如何教呢？首先，我们必须明确的是，学科"大观念"是通过较长时间的学习和自省逐渐建构起来的，不是可以直接教授的。因为，学习科学研究告诉我们：任何抽象的知识，都只能通过具体化的过程方法，才有可能进入学习者的大脑。观念，作为抽象知识背后的抽象思维方式，直接告知对学习者来说毫无作用。"大观念"，是对"知识如何产生、学科本质到底是什么"的抽象，所以只有在"具体知识是如何产生的""人们是怎样理解知识"这些具体的案例中，学生才有可能理解其背后蕴含着怎样的思维方式。因此，老师们必须首先在现有知识的教学中适当增加对知识的来龙去脉、人类对知识认识的历程的内容，让知识"有趣"起来，让"学科思维方式"变得具体、可感知，学生才能逐步建立对"思维方式"的理解。其次，在讲新知识时，尤其是跨领域知识时，都需要交代这些知识与先前的所有知识是在怎样的学科思维方式的统领之下所产生的，逐步强化思维方式的作用，使所有学科知识之间都建立起与人类思维的紧密关联，即"统摄性"。这样做，不仅能帮助学生建立学科思维方式，有利于将来开展知识创新，同时还能以学科思维方式为纽带和原点，建立对学科知识的深度理解。

理解了"大观念"是"少而重要的专家思维方式"，在具体教学中，老师是否必须提炼学科大概念，并围绕学科大概念组织教学，比如"大单元"，这一点个人认为并没有那么重要。一是翻遍《义务教育地理课程标准（2022年版）》，并没有找到任何有关"大概念"的词语，二是既然"大观念"是对全部知识都具有统摄性的思想观念，专家在教材编写过程中已经将其融入课程内容之中了，只要老师们严格按照课程标准、聚焦核心素养培养实施教学，在本质上无论学习什么知识，最终都指向"大观念"的建构。重

新组织教学内容，有它的优势，即知识之间共通的规律会更多、联系更紧密，但这样做也有不利之处，比如工作量大、教学进度不好掌握，还有可能将本来系统化的、有逻辑联系的、反映区域整体特征的知识被人为肢解，给学生的理解和认知造成一定的负担。因此，建议老师们与其花很大精力和时间去提炼"学科大概念"、重组教学内容，还不如多花一些时间去研读课程标准，熟悉并深刻理解学科核心素养的内涵，以素养为导向解读教材、精选内容，同时，按照知识形成的逻辑设计学生学习的过程与方法，这样的教学本质上就是服务于学科大概念的教学。

基于有效学习理论的高中地理学习
方法和教学策略

教学是基于教师"教"和学生"学"的双向互动。只有当教师的"教"的逻辑和学生的"学"的逻辑实现"同频共振",教学才会取得最佳的效果。高中地理教学如何克服学生的心理障碍,降低学生的"认知负荷",激发学生的学习兴趣,提高学习的自我效能感,自然也要从研究学生的"学"入手。

一、主要学习理论综述

关于学生学习的机制以及学生是如何学习的、怎样的学习才是最有效的,不同学者分别从不同的角度给出了真知灼见,对教学具有非常重要的指导意义。比如,奥苏贝尔认为:"要想实现有意义的学习,关键是要将当前所学的新概念、新知识与学习者原有认知结构的某一方面之间建立起非人为的和实质性的可联系,只要能建立起这种联系就是有意义的学习,否则就是死记硬背的机械学习。"布鲁纳认为:"学习的本质不是被动地形成刺激某一反应的联结,而是主动地形成认知结构。学习者不是被动地接受知识,而是主动地获取知识,并通过把新获得的知识和已有的认知结构联系起来,积极地建构其知识体系。"而且,他还注意到影响学习效果的另一个重要因素,即情感因素的作用,提出:"教学应根据学生的不同年龄、不同认知结构进行教学。"有效学习理论认为:"教学要以学生的学习为中心,一切为学生的学习效率服务,追求学习过程的有效性和学习结果的有效性,学生的学习活动要在有效的学习策略指导下,能以最少的时间投入取得最佳的学习效果。学生的学习活动必须经过自身努力，才具有较高的达成度，实现'有意义学习'。"建构主义学习理论认为："学习活动不是由教师向学生传递知识，而是学生根据外在信息，通过自己的背景知识，建构自己知识的过程。在这个过程中，学生不是被动的信息刺激接收者，他要对外部的信息进行选择和加工，而且知识或意义也不是简单地由外部信息决定的，是学习者通过新旧知识和经验间反复的、双向的相互作用过程而建构成的。"建构主义学习理论提倡在教师指导下的、以学生为中心的学习，强调学生的学习应包含情境、协作、会话和意义建构四个要素。以该理论为依据，可以将教学活动概括为：以学生为中心，在教师起组织、指导、帮助和促进下，通过情境、协作、会话等学习环境，充分发挥学生的主动性、积极性和首创精神，最终实现对所学知识的意义建构的目的。

二、高中地理学的主要方法

学习是一个"学"而后"习"的完整逻辑过程。"学"是一种获得知识和经验的"觉悟行为"，表现为个体通过对学习对象的感知，即阅读、观察、演示等过程，达成理解和内化（是什么、怎么样、在哪里）；"习"是一种获得知识和经验的"实践行为"，表现为个体通过对内化知识的巩固达成强化和迁移（为什么、有什么影响、如何表达）。因此，学习方法是学习者通过学习实践总结出的快速掌握知识、提升问题解决能力的途径和措施，包括"学"和"习"两个相互衔接、相互联系、相互作用的过程。尽管如此，但究竟应该如何"学"、如何"习"，会因学科性质、学科要求、学习者自身条件的不同而不同。地理学科因其重在反映事物的空间分布及其相互关系，且兼具自然科学和人文社会科学的性质，具有内容多，空间差异大，综合性、学理性、实践性强，思维跨度大等特点，因此，其研究和学习的方法既不同于数理化等自然学科，也不同于语文、政治、历史等人文社会学科。关于地理的学习方法，本人认为应根据学习的逻辑，结合地理学科特点，从知识获取的途径、思维训练的重点、提高效率的技巧三个方面对学生给予引导和培养。

（一）明确获取地理知识的途径

（1）阅读教材和教辅资料，包括地理课本、地理课外读物、数字媒体资源。

（2）阅读地图，包括各种等值线图、示意图、景观图、自然地理图集、人文地理图集等。

（3）观察地理模型和标本，包括地球仪、地貌模型、地形模型、地质构造模型、矿物岩石标本、化石标本等。

（4）开展地理实验和野外考察。常见的地理实验有：晨昏线和昼夜交替、正午太阳高度的变化、海陆热力差异、热力环流、温室效应、水循环、水土流失、洋流、锋面等；野外考察的内容有：地形与地貌、植被类型及分布、地层和地质构造、土壤类型、聚落类型、农业地域类型、城市功能区分布等。

（二）把握地理思维训练的重点

1. 特征描述

包括对地理位置的描述，地理事物性质、基本状况的描述（形状、大小、物质组成、结构、性质、颜色、硬度、空间分布等）——是什么、在哪里。

2. 总结规律

地理要素的时空变化规律，地理事物的发展演化规律——怎么样。

3. 归纳特征

自然地理特征（地形地势、天气与气候、河湖水文、土壤植被），人文地理特征（人口分布、交通类型与分布、产业构成、文化习俗等）——怎么样。

4. 分析成因

影响自然地理现象形成与分布的原因（昼夜更替与季节变化、地形与地貌、大气环流与气候、河流与湖泊、洋流、地壳运动和地质灾害、土壤等），人文地理现象的形成和分布的原因（人口分布与人口迁移、城市功能分区与城市化、环境变化、产业区位因素、产业转移与产业结构变化等）——为什么。

5. 解释说明

各地理要素之间的相互影响，地理事物和现象的演化过程，地理现象及其变化的影响，区域开发与环境保护的意义等——有何影响。

6. 比较评价

比较地理事物、地方、区域之间的差异，评价某一地区人类活动的合理性，评价某一地区资源开发利用的条件、价值和意义等——有何不同。

7. 数据处理与图式表达

数据记录、读取、计算、比较、表达等——如何表达。

（三）掌握提高学习效率的技巧

1. 学会概括

阅读时要学会提取关键信息，并运用简明、精练的语言进行总结概括。例如东南亚地形复杂，可用12个字概括，即"山河相间、纵列分布、北高南低"。

2. 整合知识点

把需要学习的信息，按照其内在的逻辑联系做成思维导图或知识结构图，会让大脑思维条理清醒，方便记忆掌握。

3. 借助地球仪和地图

地球仪和地图是地理学科的第二语言，更是学习和掌握地理知识、提升地理素养必不可少的工具。学会使用地球仪和地图对地理学习不仅能够事半功倍，还有助于培养学生的空间感和综合思维能力。

4. 抓重点概念

对地理概念、原理的掌握，并不要求像物理、数学的公式、定理那样精准，只要抓住其中的关键和要点，就很容易理解和掌握了。

5. 重视地理观察

观察就是边思考边细看。看一看当地的地理环境的面貌，以及人们在当地是怎样活动的。通过报刊、电视节目、图片获得地理信息，锻炼我们的收集信息的能力。

6. 善于想象与联想

观察只能得到局部直观，地图只能提供位置直观，想象才能使二者联系起来，从而获得地理环境的全面景观，进而展望地理的未来。

三、高中地理教学策略

教学策略是指教学过程中教师为实现预定的教学目标而采取的最佳方

法和技巧。教学策略必须以一定的教育理论为依据，也因时代、学科不同而不同。传统的地理教学中，师生是"灌输—接受"的关系。课堂上，教师更关注的是自己如何把地理概念、原理、过程讲清楚，把学生作为被动接受知识的"容器"。学生的学习主要采用上课听讲、记笔记、死记硬背等方法，完全处于一种被动接受状态，学习的有效性较差。《普通高中地理课程标准（2017年版）》提出：地理教师在设计教学时充分考虑高中学生的心理发展规律和不同的学习需要，积极探索自主学习、合作学习、探究学习方式，提高学生地理学习、合作交流、批判性思考以及分析解决地理问题的能力。并要求教师在教学过程中正确地运用地理教学策略，使学生在掌握地理知识、地理技能的同时，了解科学探究的过程和方法，形成积极的学习态度与人生态度，具备科学精神与正确的世界观、人生观和价值观。因此，地理教师必须综合考虑时代发展对人才培养规格的新要求、地理学科自身特点、地理学习方法的独特性等多方面因素，采用既符合现代教育教学思想，又符合地理学科特点和学生心理发展规律的，切实有效的教学方法和教学手段，使学生在掌握地理基本知识、基本原理，获得地理基本技能的同时，学会探究地理问题的基本方法和技术手段，发展地理思维能力，形成科学的人口观、资源观、环境观和可持续发展观念。

根据有效学习理论，结合地理课程标准的基本理念，高中地理课堂教学策略应重点关注以下四个方面。

（一）创设真实的研究情境，营造愉悦的课堂学习氛围

新课程倡导学生主动参与、乐于探索、勤于动手，这就要求地理教学过程应当成为师生共同建构知识和情感态度的研究过程。在地理课堂教学中，创设联系生活实际，以问题解决为中心的真实情境，将学生置身于其中亲身阅读、观察、体验、思考，这不仅能够激发学生尝试运用已有知识、经验解释或分析生活中真实的地理问题的强烈愿望，而且能够引领学生养成用地理视角审视周围世界和生活的意识和习惯，从而学会学习。因为，真实的研究情境因其生动、直观、可信，且紧密联系现实世界和学生生活，有助于加深学生对教材内容的理解，拉近学生与地理概念、原理的距离。事实证明，很多情况下，导致课堂教学低效和无效的原因是课堂教学不能唤起学生的学习愿望和兴奋、激动的情绪。而教师本身对工作缺乏热情，是导致学生课堂冷漠的根源。因此，课堂教学只有把学生的生活经验、已有知识以及情感态度价值观等因素引入教学过程，引导学生研究生活中的地理和身边的地理，才能激发学生地理学习的兴趣和愿望，使地理课堂教学既凸显学科特征和思维价值，又充满生机和活力。因此，在地理课堂教学中，教师除了积极创设有助于学生学习的真实情境外，还要注重师生互动、生生互动，确保学生有更多的时间思考、提问、讨论和主动参与教学活动，才能使学生在愉快的课堂氛围中获得地理知识和技能的同时，又培养逻辑、思考能力。例如在学习"地球运动的地理意义"时，首先可向学生播放一小段北京天安门广场升降国旗的视频，接着向学生提出问题："同学们知道天安门广场每天是在什么时间升降国旗的吗？"然后，再向学生用表格展示元旦、劳动节、建党日、国庆节等不同节日天安门广场升降国旗的时间，引导学生观察和计算，找出变化规律，并尝试运用所学地理知识做出解释；要求各组借助图表或实物展示、阐述研究成果，并开展交流、分享、质疑。学生在这种愉悦的课堂氛围中对这些抽象疑难问题理解较快，做到了活动与课堂讲解的有机结合。

（二）教学内容问题化，激发学生因掌握新内容紧张思考的疲乏感

按照有效学习理论，学习内容对学习者越有价值、越有意义，学习的效果就越好。根据这一观点，在地理教学中要根据学生的兴趣爱好，努力使学习内容兴趣化，学习兴趣是学生学习活动的重要动力，而来自学生身边的问题最能引起学生的兴趣。地理知识内容丰富多彩，与生活、生产息息相关，与人们的衣食住行联系密切，让学生运用所学的地理知识和技能解决日常生活中的实际问题，使他们充分认识到地理就在身边，生活离不开地理，学习地理能够增长见识、发展智慧、提高生活质量。

讲"理"是地理学科的最大魅力所在。"理"是原理、规律，地理的"理"体现在"物理"（自然地理环境要素的相互作用机制和规律）、"事理"（人类活动，包括工农业、商业旅游业等与自然地理环境相互作用的原理规律）和"人理"（人类活动的伦理道德和人地协调的人类行为道德规范）中。学习地理，不仅要懂"物理"，还要明"事理"，通"人理"。因此，教学中，教师要善于挖掘教材内在的自然科学理性和学科思维价值，紧密联系学生生活实际，创设具有探究价值的问题情境，将学习内容转化为具有探究和思辨价值的问题，引导学生通过知因求果、知果索因等方法，理解"物理"、阐明"事理"、揭示"人理"，感受到地理学科的知识价值和思维魅力，提高学生的学习兴趣。

例如在学习"大气的受热过程"时，可以结合教材内容提出如下问题。

① 通常情况下，白天比夜晚气温高，晴天比阴天气温高，这一现象说明大气热量主要来源哪里？

② 运用实例说明位于同一纬度的青藏高原和四川盆地夏季时，哪里气温高，哪里气温低？这种现象说明近地面气温的变化有什么规律？

③ 在青藏高原，农田和聚落大都分布在海拔较低的河谷地区，为什么？

④ 以上现象说明，近地面大气热量的直接来源是哪里？

⑤ 晴朗的白天比多云的白天气温高，晴朗的夜晚却比多云的夜晚气温低，深秋时节，霜冻和大雾多出现在晴朗的早晨，这种现象说明云层或大气中的水汽具有哪些作用？

⑥ 冬季，北方农民"扬长补短"，利用塑料大棚种植蔬菜，是扬当地什么之"长"，补什么之"短"？

⑦ 有人将近地面大气的受热过程概括为"太阳暖大地—大地暖大气—大气还大地"，你是否赞同，请说明理由。

以上具有逻辑联系的问题链条，不仅蕴含着丰富的"物理""事理""人理"，同时，又紧密联系生产、生活实际和学生生活经验，既能激发学生的探究兴趣，又让学生感到亲切。在学习过程中，学生不仅理清了大气受热的基本过程，还获得了独立思考和判断的能力，充分感受到了地理学习的魅力，增强了学习的信心。

（三）教学过程活动化，调动学生全程参与，享受学习过程

《地理教育国际宪章》指出，"地理教育为今天和未来的世界培养活泼而又负责任的公民所必须"。地理教学，从根本上讲不仅仅是传授地理知识，更重要的是培养学生用地理的思维方法去分析和解决问题，用地理的视角观察和认知我们生活的世界，以便将来更好地服务于人类社会。新课程改革特别强调：转变学生学习方式，让学生真正成为课堂的主人。加之，地理知识的复杂性、多样性、抽象性和科学性，要求学生在学习过程中更多地运用演示、观察、体验、模拟、计算、推理、判断等方法，获取地理知识与地理技能，发展地理思维。因此，要想让学生学会用地理的思维方法分析和解决地理问题，真正成为课堂教学中的主人，教师就要进行开放式教学，创造能彰显学生主体动能的具体情境和活动空间，把学习的主动权还给学生，让学生有时间、有空间自主学习，在活动中展现出自主的学习意识、自发的情感态度、自觉的思考探究，这不仅有助于培养学生主动探究地理问题的意识，开发学生的各种潜能，而且有利于学生个性发展，形成独立人格。

活动的方式主要有：①地理游戏活动，如地理拼图、地理谜语等；②地理报告会、地理辩论赛；③地理实践活动、社会调查；④撰写地理小论文等。当然，在地理课堂教学中有很多的内容不能按上述的活动来设计，但为了调动学生积极参与教学过程，我们可以在课前先将学习内容布置给学生，并结合教学内容提出若干个需要学生思考和讨论的问题，让学生带着问题进行预习、自学。上课时，鼓励和引导学生围绕问题展开交流、讨论，并通过追问、反问，激发、促进学生深度思考和提出新问题，然后再由老师进行总结、提炼、归纳、讲解，这样做既可帮助学生澄清错误认识，突出重点，建立起知识的内在逻辑关系，又可激发学生学习和探究的兴趣，利于学生创造性地解决问题。

（四）教学内容图表化，图像内容简单化策略

地理图表是地理教学中不可缺少的直观性教具，是传递地理信息的最有效、最重要的媒体，它能帮助学生在课堂上感知宏大的地理环境中复杂地理事物现象、地理景观和地理演变过程，扩大视野。地图本身就是一种经过抽象化的知识载体，可以图解各种地理理性知识，学生通过阅图可以"发现"新的知识，挖掘更深的内涵，一定程度上还能弥补教师课堂上教学的遗漏，完善教师在课堂上的各种设问。

为了充分有效地发挥图像教学在地理教学中的作用，不仅要运用好"三板"图和电化教学媒介的作用，更要在深入研究教材文字系列与图像系列相互关系的基础上，尽可能使文字内容图像化、图像内容简化，做到图文结合，相辅相成。变文字为图像，形成模式图、纲要图、关系图，学生可以一目了然，记忆深刻；变繁图为简图，变"死图"为"活图"，同样可以起到画龙点睛的作用，提高学生的学习效果。

中学地理分层次教学应用研究

一、研究背景

（一）分层次教学研究的社会发展背景

1. 教育全球化的影响

20世纪下半叶以来，随着经济全球化趋势的迅猛发展，世界各国都把优先发展教育事业、培养和造就一大批具有全球意识和创新精神的高素质人才作为提高国家核心竞争力、应对日益激烈的国际竞争的重要手段。在落后国家，教育革新被看成追赶现代化的法宝；在发达国家，教育革新被看成国家保持强盛的动力源泉。另一方面，随着生产力的发展，全球性环境问题的日益严重，人类对自身生命价值、人生态度、价值观念、生活方式开始重新认识，这些都极大地影响着教育的改革与发展，各种教育理论随之应运而生，使得教育制度、教育观念、教育内容、教育形式均发生了深刻的变化。

社会的现代特征逐渐在教育上也反映出来，主要表现在以下方面。

一是确立人在教育中的主体地位，倡导教育的终身化、全民化、民主化、现代化。教育终身化强调，人的一生只有不断学习，不断受教育，才能适应不断变化的社会，学习能力已成为人们适应社会发展变化和未来生存的最基本能力；教育全民化则强调，受教育是每一个公民的基本权利，要让所有人都受到教育，特别是让适龄儿童受到完全的小学教育和让中青年脱盲；而教育民主化更是强调教育机会均等，师生关系的民主化，教育活动、教育方式、教育内容的民主化、开放性、选择性，为学生提供更多的自由选择的机会；教育技术现代化就是将现代技术广泛应用于教育，以改革传统的教育手段和教学方法，使学生受到更好的教育。

二是开始全面认识教育的功能，强调人的发展和人力资源的开发是现代教育同等重要的两翼。现代社会的教育，不仅是经济增长的"加速器"，科学技术的"孵化器"，更是促进社会公平、和谐的"稳定器"和"平衡器"；不仅具有直接促进经济、科技发展，开发人力资源的巨大经济功利价值，还具有促进社会平等和社会整合、传承文化和文化认同，促进人格完善和心智发展的非功利功能。

三是恢复教育的人文性和民主性。世界各国的教育越来越把人格养成、公民素质以及与青少年健康成长相关的内容放在重要地位，而不只进行学科教学和知识灌输。1918年，美国改革中等教育，明确中学应当提供一种供大多数人学习，面向大多数人的"为生活做准备的教育"，提出中学教育的"七项基本原则（培养目标）"是健康、公民的权利和义务、有价值地利用闲暇时间、成为高尚的家庭成员、基本学习过程的掌握、合乎道德的品质、职业训练。在这一表述中，对学科知识的教学仅占七分之一。

基于此，改变传统教学片面强调教育的经济价值，过于偏重学科知识、偏重竞争、独尊分数、忽视人格养成、教学要求整齐划一的倾向，树立教育以人为本的思想已成为教育发展的必然。与此同时，以尊重学生个别差异、体现因材施教思想的各种形式的分层次教学在世界各国得到了普遍重视。

2. 和谐社会的教育观

当前，我国政府提出的以人为本的科学发展观和构建社会主义和谐社会战略目标，为未来教育的发展奠定了基本价值和方向。构建和谐社会包含两方面的内涵，即社会的和谐发展和人的和谐发展。人的和谐发展需要我们改变传统的教育观念和教学方式，确立面向未来的新的教育发展观、教育价值观。而这种新的教育发展观和价值观，是建立在社会公平和正义的社会主义核心价值，青少年身心发展，促进人的协调发展和有效社会化的教育规律，适应社会主义市场经济体制、符合政治文明和精神文明的社会现代化任务，以及教育民主化、多元化、选择性、开放性等教育现代化的基本价值之上的，可表述为以公平的发展为特征的教育发展观和以人为本的教育价值观两部分。

保障和促进教育公平，是社会主义核心价值，也是现代教育的基本价值。在宏观教育管理和公共政策的层面，树立科学的教育发展观，主要处理的是教育公平与教育发展的关系，将教育公平作为教育发展的目标，贯穿于教育全过程，并体现在教育结果上，即"教育发展为人民，人民参与教育发展，人民共享教育的成果"。在微观教育教学技术层面，就是保障学生受教育的权利得到充分尊重，教育机会均等和平等对待全体学生。尽管如此，在现实教育发展中，发展和公平仍然会时常处于矛盾状态。这主要是因为对于什么是教育公平，人们站在不同的立场，往往有全然不同的判断。如果引用哲学大师罗尔斯提出的关于社会公平的著名三原则作为评判教育公平的主要依据，问题也许就会简单很多：一是平等性原则，指在权利和机会上应当平等地对待所有人，即权利平等和机会均等；二是差异性原则，由于客观上存在差距，应当不均等地对待不同的人；三是补偿性原则，即这种差异性、区别性的对待具有鲜明的指向性，要为处境不利者提供机会或利益补偿。可见，我们现行的传统教学模式在其看似公平的外衣下，其实也存在着不公平的方面。首先，无视学生差异的存在，实行无差异教学，实际上却加重或助长了学生个体差异，使教学不能完成最基本目标。其次，不公平地对待学生的差异，即以不公平的手段和态度对待有差异的学生。由于受教学"同一性"要求的影响，很难做到为处境不利者提供机会或利益补偿，使得有些差异被逐渐拉大，有些被忽视。再次，学习程度和智力水平有着较大差异的优生和差生虽然在同一班级，接受同一教师的教育，但落实到优等生和学困生两部分学生身上的教育机会，实际上是极不均等的，如优等生在课堂往往是主角，拥有更多的表现机会，受到更多的关注。

以人为本是现代教育的基本价值。从20世纪初，世界范围内的进步主义教育运动，奠定了"儿童中心"的新坐标，使教育哲学由"学科本位"转变为"儿童本位""生活本位"，以人为本成为现代教育的基本价值。这一价值的核心思想是，教育应以人的发展为本，以青少年的成长和终生幸福为本，人的成长、幸福、快乐是最重要的教育目标；重视学生的个性发展和协调发展；大众主义的教育价值。大众主义的教育价值，就是要改变长期以来我国中小学教育资源倾向于主要面向重点学校、少数尖子学生的精英主义教育价值，转为面向大多数人、全体学生，并且优先关注弱势地区、弱势人群的教育，恢复教育的公平性和民主性。当前，国际社会所主张的全民教育目标，就是要努力满足所有人的基本学习需要。因此，回归大众主义是在知识社会时代，构建学习化社会和终身教育体系的基本要求。同时，我们必须强调：普及教育，提高全民的文化素质，营造较高程度的社会文明是基础教育的主要功能。

（二）分层次教学研究的教育实践背景

1. 符合素质教育的教育发展观

《面向21世纪教育振兴行动计划》明确指出"整体推进素质教育，全面提高国民素质和民族创新能力"是我国教育发展的重要任务之一。素质教育应该是以学生为本位，以学生个性发展为本位，以学生的可发展性为本位，面向全体学生的教育。面向全体学生，不仅指每个适龄儿童有上学受教育的权利，而且还有提供接受适合自己能力的教学进度的权利；教育要为学生的全面发展创造适宜的条件，尊重学生身心发展特点和教育规律，使学生生动活泼、积极主动地得到发展。因此，更新教育观念，树立科学的符合时代发展要求的教育观、人才观、教学观和质量观，是积极推进素质教育的前提。

第一，素质教育的教育观。素质教育是为人的发展打基础的，强调教育要面向全体学生，使每一位学生都能得到最大限度的发展，所以，它不是"精品"教育、"英才"教育。素质教育的教育观应是最大限度地促进人的全面和谐发展，尊重学生的主体地位，弘扬学生的主体精神，因材施教，为学生学会做人，学会学习，学会生活打下基础。尤其是中学阶段，应把培养学生良好的品德修养和行为习惯，健康的心理素质，顽强的意志品质，正确的人生观、价值观作为核心，并使学生个体的特长和个性得到发展。

第二，素质教育的人才观。学生之间的差异是客观存在的。教师应学会把学生的差异作为教育资源来开发，因材施教。树立全面的人才观，坚信"天生其人必有其才，天生其才必有其用，人无全才，扬长避短，人人成才"；用全面的、发展的、辩证的眼光看待学生的发展。教育的成功就在于使每个受教育者都能得到充分发展，为其将来事业的成功和生活幸福奠定基础。

第三，素质教育的教学观。素质教育的教学观应树立教学过程中师生双边活动的整体观念。可采用"情境教学法"或"愉快教学法"，要冲破传统的"教师、教材、教室"三中心模式，使教学活动在老师主导下充分发挥学生的主体地位。也可按程度分层次教学，以学生为起点，以融洽的师生关系为基础，以兴趣为桥梁，以鼓励为手段，以成功为目的，教会学生学会思考、学会动手、学会动脑，从而开发潜力、形成能力，激发求知欲。注重对学生创新意识和创新精神的培养，鼓励学生勤于观察，敢于质疑，大胆想象，勇于实践，积极探索解决问题的新思路、新方法。

第四，素质教育的质量观。素质教育的评价重视对学生综合素质水平的评定，如学生生理身体素质、心理道德素质、文化技能素质、劳动实践素质等。通过评定给每个学生公平发展的机会与希望。使学生能更好地认识自己，发挥特长、优点，克服不足，树立信心，争取更大的进步。总之，既注重全面提高学生整体素质，又使学生个体得到生动活泼主动地发展；既强调基础，又发展个性。评价素质教育的质量，不能只片面地看学生学习成绩的高低，而应把学生德、智、体、美、劳全面发展，成为有理想、有本领、有担当的合格公民作为最终目的。

2. 顺应新课程改革的基本理念

进入21世纪，为了适应教育全球化、信息化、个性化发展趋势，使素质教育继续深入地向前发展，我国开始了以基础教育课程改革为载体的新一轮教育改革，即新课程改革。关于新课改的核心理念与目标可概括为：课程以学生发展为本，基于学生发展，关于学生发展，为了学生发展；倡导全人的教育和建构性学习；强调课程要促进每个学生身心健康发展，培养终身学习的愿望和能力，处理好知识、能力、态度、价值观的关系，克服过分注重知识传承的倾向；实现学生主动参与、探究发现、交流合作的学习方式，注重学生的经验与学习兴趣，改变过分依赖教材，过于强调接受学习、死记硬背、机械训练的现象；教学内容更注重精选对学生终身有用的和必备的知识；确立多元化的教育评价体系，注重过程性评价，突出评价对改进教学实践的功能，淡化评价的甄别与选拔的作用。

由此可见，我国新课程改革中一系列新理念均体现了以人为本的教育思想，尤其是对学生的培养目标，更是把以人为本的教育思想作为其核心内容。在新的课程资源观方面，以人为本的教育思想体现在强调学生不仅仅是教育的对象，更是教育最重要的资源。首先，学生的经验是一种资源，知识只有与学生的经验结合起来才是有价值的，才能被学生所接受和掌握；其次，学生的兴趣是一种资源，兴趣是学习的动力，有兴趣的学习才是最有效的学习；再次，学生差异也是一种资源，差异可能导致冲突和共享，教师应引导学生共享差异，在差异中丰富和发展自己。从这个意义上讲，学生是课程的创造者和开发者。

新课改实验中，最能体现学生也是课程资源这一观点的，当属综合实践活动课的开设，它的整体性、实践性、开放性、生成性和自主性等多重性质，在培养人和发展人方面，具有独特的价值和功能。其整体性立足于人的个性的完整性，立足于每一个学生健全的发展；其实践性表现为，以学生的现实生活和社会实践的基础发掘课程资源，强调学生的亲身经历；其开放性表现在面向每一个学生的个性发展，尊重每一个学生发展的特殊需要，关注学生个性化的表现；其生成性是基于学生在活动中认识和体验的不断加深，生成新的目标和主题；而自主性更是体现了充分尊重每一个学生兴趣、爱好和特长的原则，放手让学生自己选择学习的目标、内容、方式和指导教师，自己决定活动成果的呈现形式。可见，分层次教学不仅顺应了新课改的基本理念，而且对新课改的实施将起到有力的促进作用。

3. 应对基础教育面临的新问题

近年来，随着我国经济的迅速发展、人民生活水平的提高、广大人民群众对高水平教育需求的日益增长、国家对基础教育投入力度的加大、高校的持续扩招，我国的基础教育得到了空前的发展。根据对兰州市及周边地市的部分学校2000年与2005年在校高中学生人数的调查和对比，发现近六年来，高中在校人数普遍增长了100%。与此同时，学校的办学条件也发生了彻底的改变。教育普及、教育机会的扩大、教育规模增长是教育迅速发展最明显的外在特征。然而，其现实远不如人们所看到的那样一帆风顺，生源质量下降、学生之间的差异性过大和社会对教育质量的更高要求等成为学校和教师必须面对的首要问题。实施分层次教学就成为许多学校和教师应对此类问题的必然选择。

首先是学校生源结构的变化。自2000年以来，在全国范围内全面实行了初中以"对口、划片、就近"免试入学，高中挖掘潜力、扩大招生的招生制度改革。以兰州市为例，市区各中学初中都必须无条件接受上级教育行政部门按划定的片区分配的全部小学毕业生。这样，学校的区位条件就成为影响生源质量的主导因素。通过教育实践来看，越是接近城区的学校，生源情况越好，越是接近城郊接合部的学校，生源情况越差。众所周知，在办学条件大体相当的学校之间，生源质量的好坏就成为学校提高教育教学质量的决定性因素。由于生源条件的不同，学校之间就出现了完全不同的发展循环，如图1所示：

图1　不同学校的发展循环

从高中的发展来看，原来的几所省、市重点中学（现为省级示范性高中）都已成为完全中学，招生规模扩大了3倍。普通高中也纷纷扩大招生，由原来的两个班扩张为四个班，甚至一些因生源萎缩，高中停招多年的学校也恢复了高中招生。但由于各学校高中教育的起点不同，师资水平、办学条件、教育管理水平相差悬殊，使得优质生源绝大部分流入了少数几所省级示范性高中，而大多数普通高中只能招到极少数成绩优秀的学生，其余大部分为中下水平的学生。2007年，兰州市划定的省级示范性高中与普通高中录取分数线相差接近100分。生源水平的差距不仅反映在省级示范性高中与普通高中之间，在普通中学内部更是相差悬殊。以兰州市第九中学为例，2005年高中招生最低录取分数线为410分，平均分480分，最高分为670分；2007年，录取高中新生220名，最高分661，最低分390（总分均为720分）。可见，学校招生制度改革和扩大招生一方面为更多学生提供了享受完整基础教育的权利和机会，另一方面使得学校之间，甚至是同一所学校的同一班级中的学生间的差异日益突出。如何使不同程度的学生都能在其原有基础上有所提高，品尝成功的喜悦，从而推动学校教育教学质量的全面提升，使学校在日益激烈的教育竞争中得以生存和发展，是许多普通中学面临的重大课题。老师们往往迫于教学评价的压力，大多采取"抓中间，带两头"的教学策略，这样的教学使一些基础和智力水平较高的学生缺乏接受必要的、更高层次的、与他们智能水平相适应的训练，不利于高素质人才的培养，也不合乎高层次人才培养教育的一般规律，同样也不利于学困生的学习。由于学困生的反应速度慢，他们的思维往往受到其他学生的干扰和抑制，久而久之，形成了差生更差的局面，两极分化日趋明显，最终使差生进一步被边缘化，甚至成为"流失学生"的主力。

其次是人们对高中教育期望的变化。由于我国高等教育也由精英教育向大众教育转变，考大学对于广大民众来说变得不再像以前那样遥不可及，几乎90%以上的学生及家长选择上普通高中的唯一目标，就是将来能够进入大学深造。学生和家长已不再满足于一所学校每年只有几位优等生可以考入大学。因此，如何能让更多的学生实现自己的大学梦，既是学校义不容辞的责任，也是学校面临的最大压力。

近年来，中学之间以争夺优质生源为主要形式的竞争日趋激烈，以高考升学率为指标的所谓教育教学质量成为各校间比拼的核心。高考升学率成为影响一所学校生存和发展的重要因素已是不争的事实。但在新的形势下，比拼高考升学率不再取决于少数几个优等生，而主要看哪个学校更能面向全体学生，特别是调动中下学生的学习积极性，通过提高中下学生的成绩来全面提升学校的教育质量，从而使更多的学生能考入大学。只有这样学校才能在竞争中突出重围，获得更好的发展。

（三）分层次教学研究的学生背景

1. 人是有差异的个体

在人的发展过程中，由于受到遗传、家庭、环境等因素的制约，每个人的发展客观上存在着不同的差异，心理学称之为"个体差异"。个体差异，具有广义与狭义之分。广义的个体差异，是指人与人之间多方面的差异，如生理、心理、道德、审美、知识技能水平、成长的社会环境等等。如《简明国际教育百科全书》在"个体差异"词条中所指出的："教育工作者在进行教育时遇到的一些最严重的问题在于这样一个事实：没有两个学习者是完全相似的，在每个教室里，学生在许多方面各不相同，影响他们学习的好坏。

学生在视力和听力的敏锐度、智慧和思维方式、兴趣和志向、动机、精力的充沛程度、感悟的稳定性、家庭背景及其他许多方面各不相同。"狭义上的个体差异，即主要心理差异，这种差异不仅表现在人们是否有某些方面的特点上，而且也表现在同一特点的不同水平上。

在教学当中，个体差异主要表现在学习动机、学习方式、学习速度、理解能力、兴趣爱好、生活经验等几方面。学生客观存在的差异性，要求教学中要在教学目标、内容、速度、方法等不同方面考虑到这种差异性，并以差异性为前提，把教和学两个系统更好地结合起来以满足不同个体的需要。如果采用同样的方法、学同样的内容，教学结果必定会存在差异，结果必然出现"吃不饱"与"吃不了"的矛盾。分层次教学正是抓住了"学生的个体差异"这一根本问题，不仅强调了教学的差异性、独特性和层次性，而且也强调师生之间的合作与交往，促进教与学的共同提高；强调教师的教一定要适应学生的学，强调教学中教师要通过了解和研究学生，根据学生的学习可能性水平对学生进行分层，进而确定与各层次学生的实际可能水平相协调的分层教学目标，开展有区别的课堂教学活动，以及在教学过程中通过形成性评价、终结性评价等，及时了解学生达到分层教学目标的情况，以便灵活地调整措施。

2. 人是有潜能的个体

人是有潜能的个体，而且每个人的潜能都是巨大的。但人的潜能很少能自动表现出来，必须通过教育、学习才能充分实现。教育者必须具备的一个重要观点是，只有当具备了某种条件时，人的潜能才会得到超常的发挥。而过于标准化、划一化、同步化的教学难以照顾到学生的个体差异，不适应现代教育尊重个性、发展个性和开发个体潜能的需要。充分认识学生的潜能存在的事实及价值，尽可能使学生的潜能得到充分发展是教育工作者应该努力追求的目标。发掘学生的个性潜能，就是要让每个学生都找到自己个性潜能发展的独特领域和生长点。分层次教学就是将学生的个性差异视为一种可开发利用的教育资源，融入个性化、个别化教育理念，在综合考虑学生个性差异的基础上，将学生分成若干层次，教学中针对不同层次学生的实际，在教学目标、教学内容、教学途径、教学策略以及教学评价等方面都有所区别，为学生创造多种尝试、选择、发现、发展的条件和机会，不断鼓励学生向更高一级目标迈进，从而促进学生智力、非智力等各方面个性潜能的良好发展。

二、分层次教学研究的理论依据

（一）分层次教学的教育学理论依据

1. 因材施教思想

因材施教是我国古代思想家、教育家孔子的教育思想。孔子提倡教育学生要做到"有教无类"，在对待每个个体时要"视其所以、观其所由、察其所安"，意思是讲：教育学生要看他的所作所为，了解他的经历、观察他的兴趣爱好。孔子之后，孟子、墨子、程颐、朱熹、王守仁等继承并发展了这种思想。墨子主张育人要"深其深、浅其浅，益其益、尊其尊"。程颐说："圣贤施教，各因其材，小以小成，大以大成，无弃人也。"可见，以学生差异为前提进行因材施教的思想是我国古代教育家一贯所崇尚，也是我们今天教育教学必须遵循的一条重要原则。

因材施教原则，就是指教学要从学生实际出发，根据不同对象的具体情况，采用不同的方法，进行不同的教育，以使每个学生都能在自己原有基础上都得到充分发展。因材施教原则是学生身心发展的客观规律在教学中的反映，也是辩证唯物主义实事求是思想作风在教学中的具体体现。学生身心发展在一定阶段既有共同性，又有差异性，教学只有针对学生的共同性和个体差异进行施教，才能得到良好的效果。因此，因材施教有两方面的含义：其一是教学必须考虑学生的个别特点和个性差异；其二是教学要适合学生的年龄特征和接受能力。

2. 学生主体性思想

学生主体性思想是指教师在教学活动中要真正尊重学生的独立人格，唤起学生的主体意识，发展学生的主动精神，形成学生的精神力量，培养学生的创造能力，促进学生生动活泼地成长，帮助学生树立自信和确立人生目标。主体性原则强调，学生是教学的对象也是学习的主体，教师的"教"必须是围绕学生的"学"而展开。学生在教学活动中接受教育影响时，应该是积极主动的，而不是消极被动的，学生的学习活动不是消极接受，而是以自己的知识经验体系和兴趣动机为基础，主动参与的过程。学生主体性思想，要求教育者在教学活动中应树立正确的学生观，全面、客观地认识学生，了解学生、尊重学生，把学生看成学习的主体，建立起平等、民主、友好、合作的师生关系，提高学生主动参与教学活动的积极性，在传授知识的同时教给学生学习的方法，培养学生的独立思维能力，使学生获得学习的主动权，最终成为学习的主人。这一思想对传统班级教学中存在的，常常忽视差生主体地位，使其逐渐沦为教学的陪衬，最终丧失学习信心，难以完成基本学业的现象具有很强的针对性。

3. 教学过程最优化理论

教学过程最优化理论是由苏联教育家巴班斯基总结出来的，指在教学中根据具体培养目标和教学任务，考虑学生、教师和教学条件，按教学规律及原则要求制定和选择一个最好的教学方案，然后灵活机动地执行这个方案，用不超过规定限度的时间和精力，取得对该条件来说最大可能的结果。并强调在一个班级中，一般都有一些需要特别对待的学生，既包括由于某些原因暂时不及格的学生，又包括掌握某些学科知识并表现出很高能力的学生。同一个班级内，学生个性的差异是各式各样的，教师应充分了解不及格学生和学习最好的学生，了解他们的个性差异和学习基础，从而确立分组的依据，进而对他们因人而异，因材施教。反映在全班学生身上，每个人都能获得在这个时期内最合理的教养、教育和发展的效果。

巴班斯基还指出："可接受原则要求教学的安排要符合学生实际学习的可能性，使他们在智力、体力、精神上都不会感到负担过重"。当教师传授容易理解的教学内容时，学生在做练习或实验的过程中，教师进行一般性辅导即可；当教师传授中等难度教学内容时，学生在做练习时应分层次进行，差生做简单的题目，教师给予必要的辅导，优生做难题，并讨论学习的多种方案；当教师传授复杂、内容较多的教学内容时，应把集体讲授和个别辅导有机地结合起来，分层次进行。巴班斯基认为最优化教学应该是个别教学、分组教学和集体教学的有机结合。

（二）分层次教学的心理学理论依据

1. 最近发展区理论

苏联心理学家维果茨基创立的最近发展区理论认为：每个学生都有两种发展水平，一是现有水平，指能用来独立解决和完成给予的适合此水平的学习任务。二是潜在水平，即在有指导的情况下借助成人的帮助所能达到的水平。维果茨基把现有水平与潜在水平间的发展区域称为"最近发展区"。

学生的个别差异既包括现有水平的差异，也包括潜在水平的差异。教学必须考虑儿童已经达到的水平，对完成第二个水平上的学习任务具有重要意义。教学只有走在学生的前面，才能促进学生的发展。所谓教学应走在发展的前面，并非可以无限超前，而是指教学的难度既不能低于最近发展区的下限，也不能超越最近发展区的上限，而是应与最近发展区相适应。教学的目的就是不断地把最近发展区转化为现有发展水平，并不断地创造更高水平的最近发展区，从而推动学生发展。通过教师对学生发展目标的确定和最有效的指导，学生的学习就会处于"跳一跳，就能把果子摘下来"的状态，其学习的积极主动性和独立创造性也就会得以充分发挥。分层次教学的立足点就是从学生实际出发，面向全体学生，使教学要求适合每一个学生学习的最近发展区，让每一个学生，特别是"差生"能品尝到成功的喜悦，以成功来激励自己，发挥求知的内驱力，从而较好地解决班级教学中统一要求与因材施教的矛盾。

2. 多元智能理论

1983年，美国哈佛大学教授霍华德·加德纳出版了一本名为《智力的结构：多元智能理论》的著作。在书中，作者首次提出人类有着完整的智能"光谱"。这一论断突破了传统智力理论的假设：人类的认知是一元的，可采用单一的、量化的智力检测手段来测量人的智能。经过多年的研究，加德纳逐渐完善了自己的理论，明确提出人类存在多种不同的思维方式，他将人类的智能类型分成8种，分别是语言智能、逻辑数学智能、空间智能、身体运动智能、音乐智能、人际交往智能、自我认识智能、自然观察智能。加德纳相信，相对于过去在智力发展中狭隘地强调语言和数理逻辑智能，他的8种智能理论更准确地描绘了人类智力的面貌。他同时认为，每个人都不同程度地拥有这8种智能中的若干种，而这些不同的智能显示了人们不同的潜能，智力差异是多元智力成分的不同组合的产物。这就意味着，个体差异是客观存在的，人的智力没有高低之分，只有组合形式及表现方式的不同。每一种智力又都是可以通过培养而发展的。加德纳的"多元智能"理论，对教育的方法和评价产生了广泛的冲击，在美国、日本等国家及中国港台地区的教育界都引起了很大的兴趣。

多元智能理论不仅使我们能够从更合理的角度来看待个体差异问题，而且有助于教育者以更加平和的心态去看待不同智力类型的学生。实际上，表现在学生学业成绩中的差异只是个体在"语言及数理逻辑"方面的差异，如果我们把个体解决实际问题的能力或是人际交往等其他方面的能力作为考量标准，就有可能会得出完全不同于学业成绩的结果。每个人都有各自的智力强项，任何一种教育方法或教育内容只能有利于某一部分学生，而不可能使所有学生都受益。因此，教学中过分强调整齐划一的"大一统"的教学模式，无异于用一个尺码的鞋让所有的学生去穿，其结果必然是，有的人要小脚蹬大鞋，有的人要削足适履。学校教育要想实现让每个学生的发展都达到最大效果的目标，就必须重视学生的个体差异并实行个别化教育。

（三）分层次教学的学习理论依据

1. 掌握学习理论

"掌握学习理论"是美国著名心理学家布鲁姆发展起来的，其核心思想是，许多学生之所以没有取得好的学业成绩，其原因不在智力方面，在于未能得到适合他们不同特点所需要的教学帮助和学习时间。如果把要求学生达到的学习水平预先固定在某一掌握水平上，使学生得到的学习时间及其教学帮助与个别特殊需要相适应，那么教师能保证几乎每个学生都达到这一掌握水平。即"世界上任何一个人能够学会的东西，几乎所有的人也能学会，只要向他们提供了适当的前期和当时的学习条件"。这里所说的学习条件，就是指学生学习并达到掌握所学内容的必要的学习时间，接受个别指导和全新的学习机会。该理论主张在教学中应采用分层教学模式，允许学得慢的学生用更多的时间来达到目标；不断评价学生的进步，以便确定学生对学习目标掌握的程度；提供不同的学习途径来适应不同学习者的能力和学习方式；为在通常的教学方式中没有达到目标的学生提供补救办法，和向学得快的学生提供扩充和加深的学习活动等。

2. 建构主义学习理论

建构主义学习理论源自认知发展理论，由于个体的认知发展与学习过程密切相关，因此利用建构主义可以比较好地说明人类学习过程的认知规律，即能较好地说明学习如何发生，意义如何建构，概念如何形成，理想的学习环境应包括哪些主要因素等等。建构主义认为，知识不是通过教师传授得到的，而是学习者在一定情境即社会文化背景下，借助于他人的帮助，如人与人之间的协作、交流、利用必要的信息等等，通过意义建构而获得。因此，建构主义学习理论认为"情境""协作""交流"和"意义建构"是学习环境的四大要素。"情境""协作""交流"强调学习的条件和过程，而"意义建构"则是整个学习过程的最终目标。学习质量是学习者意义建构能力的函数，而不是学习者重现教师思维过程能力的函数。换句话说，获得知识的多少取决于学习者根据自身经验去建构有关知识的意义的能力，而不取决于学习者记忆和背诵教师讲授内容的能力。建构主义强调：教学应以学生为中心，学习总是与一定的社会文化背景即"情境"相联系的，教学不能无视学习者的已有知识经验，简单强硬地从外部对学习者实施知识的"填灌"，而是应当把学习者原有的知识经验作为新知识的生长点，引导学习者从原有的知识经验中生长新的经验。学习环境中的情境必须有利于学习者对所学内容的"意义建构"。协作应该贯穿于整个学习活动过程中，教师与学生之间、学生与学生之间的协作，学习成员之间的交流与对话，更多地获得教师或他人的指导帮助，对推进每个学习者的学习进程，实现意义建构是至关重要的。可见，对学习者创设符合自身文化背景的情境，使教学永远处于学生最近发展区，并为学生提供一定的辅导帮助，即使是学习基础较差的学生同样能够比较顺利地完成学习任务。

3. "人本主义"学习理论

人本主义学习理论源自20世纪60年代兴起的人本主义心理学。其基本原则是，必须尊重学习者，必须把学习者视为学习活动的主体；必须重视学习者的意愿、情感、需要和价值观；必须相信任何正常的学习者都能自己教育自己，发展自己的潜能，并最终达到"自我实现"；必须在师生之间建立良好的交往关系，形成情感融洽，气氛适宜的学习情境。根据以上原则，持人本主义学习观的人认为：学习的实质就是学习者获得知识、技能和发展智力，探究自己情感，学会与教师及班级成员的交往，阐明自己的价值观和态度，实现自己的潜能，达到最佳境界的过程。在学习过程中，教师还必须让学生觉得他是一个真诚的、可信赖的、有感情的指导者；人皆有其天赋的学习潜力；教材有意义且符合学习者的目的才会产生有意义的学习；在较少威胁下的教育才会产生有效学习；主动、自发、全心投入的学习才会产生良好的效果；自评学习结果可培养学生的独立思维能力与创造性；更应重视生活能力的培养，以适应变动的社会。

三、中学地理分层次教学基本模式

（一）分层次教学模式

1. 分层次教学模式的概念

教学模式是指在一定的教学思想指导下，围绕着教学活动中的某一主题，形成相对稳定的、系统化和理论化的教学范例。它是教学理论的转化形式，是用于设计课程、选择教材、提示教师活动的基本框架，是教师、学生在教学过程中主体作用发挥程度的一种设计框架。教学模式主要有七大构成要素，即指导思想、主题、目标、程序、策略、内容、评价。教学模式是教学理论的具体化，是教学经验的高度概括。在教学中，选择何种教学模式的前提是关于教师、教材、学生三者主体地位的确定。分层次教学之所以成为一种在班级授课形式下的，基于学生差异基础上的个性化的教学模式，是因为它也有一套比较完整的结构和机制。在指导思想方面，分层次教学以个性教育思想为指导，这是分层教学得以真正实现的理论基础和保障；在主题上，分层次教学的主题是"分层"这一核心制约着分层教学模式的目标、程序、方法、内容等；在目标上，分层教学是要每一个学生在个性方面都能得到较好地发展，在自己原有学习基础上有所进步；程序方面，分层次教学包括学生分层、目标分层、过程分层、作业分层、评价分层以及矫正、调整、分层提高等环节；策略方面，要求教师的"教"要适应学生的"学"，采取教与学相统一，分层与合作相统一，动态层次策略等等；在内容上，分层教学强调要有适合于自己主题的课程设计方法，即具有多样性、差异性和选择性特点的课程设计方法和结构；在评价上，分层次教学也有一套适合自己特点的评价方法和标准，即评价方法的多样性和评价标准的动态性。

2. 分层次教学模式述评

在我国，有关分层教学的改革兴起于20世纪80年代初，1982年，教育部发出的《关于当前中小学教育几个问题的通知》中指出，针对一些学校的高中同一年级学生知识水平相差悬殊，可从实际出发，按文化程度编班授课。于是，以学生成绩差异为基础设快、慢班，实施异步分层教学成为各地重点学校所采取的主要教学模式。到了90年代中期，随着素质教育的提出和新的招生考试制度的相继出台，新一轮分层教学实验在上海市率先展开，此后，迅速波及全国各地，出现了各种形式的分层教学实验和研究，并探索出了多种分层教学的模式。比较常见的如下。

（1）分层走班模式。在保持各原有行政班的基础上，针对学生在一些主要学科学习上的水平差异，根据学校统一的文化课摸底考试结果，按学生知识和能力水平，把全班分成三个或四个层次，组成新的教学集体或称之为教学班。然后在班主任和原任课教师指导下，由学生自主按各自程度选择到不同的班去上课。它的特点是教师根据不同层次的学生重新组织教学内容，确定与其基础相适应的、又可达到的教学目的，从而既降低了"学困生"的学习难度，又满足了"学优生"扩大知识面、适当超前的学习需求。由于这种教学模式要求同一年级的同一门学科必须在相同时间开设，因此，对教学条件、师资配备、教学管理都提出了较高的要求。一般情况下，只适合于班级数目相对比较少，教学条件比较优越，教师兼任的教学班级相对较少的学校或学科，如小学语文、数学及中学语、数、外等学科。但这种模式仍然是目前较受欢迎的模式之一。

（2）班内分层目标教学模式。这种模式又称"分层教学、分类指导"教学模式。它是在原有班级内，教师在各自具体的教学活动中，根据对学生的了解和分析，将学生分成程度或能力不同的层次；然后，从各层次学生的实际情况出发，确定不同的教学目标，并采用相应的教学策略进行教学和辅导，从而使各层次学生都得到充分的发展。具体做法为：了解差异，分类建组；针对差异，分类目标；面向全体，因材施教；阶段考察，分层考核；发展性评价，不断提高。这种模式，由于不打破原有的班级，比较有利于班级管理，也有利于各学科教师根据自身特点及学生特长组织实施。因此，是目前大家普遍推崇的教学模式。

（3）课堂教学的"分层互动"模式。"分层互动"的教学模式，实际上一种课堂教学的策略。首先，教师通过观察和调查，掌握班级内每个学生的学习状况、知识水平、特长爱好及社会环境，将学生分成A、B、C不同的层次；然后，将不同层次的学生按一定的比例组建成若干个学习小组。利用小组内合作学习，小组间展开竞争，班级成员之间互帮互学的形式，充分发挥师生之间、学生之间的互动、激励，为每个学生都提供了展示自己的机会。特别是学生间人际互动，利用了学生层次的差异性与合作意识，形成有利于每个成员协调发展的集体力量。这一模式也因其保持了原有的班级建制，班与班之间、组与组之间没有明显差异，既有利于保护学生的自尊心，又促进了不同水平学生之间的合作，是地理、历史、政治、生物等学科实施分层教学的理想模式之一。

（4）班际滚动分层教学模式。这种模式又称为能力分班教学模式。适用范围为学生文化程度差别较大的普通高中，理由有：①普通高中招生人数少，教学班级少；②普通中学学生间差异更大。具体做法如下。第一步，将录取的高一新生，按中考成绩和学生入校后学校组织的主要学科能力摸底测试成绩各占50%的办法将全体学生分成A、B两层，在此基础上，将A、B两层的学生按平均成绩相等或大体相近的标准各分成2个班。第二步，将任课教师（主要为主课老师）也同样按能力搭配分成两组，每组教师同时兼任A、B两层各一个班作为同头班，实施分层教学。每学期结束时，可根据学生综合考评的成绩，经班主任推荐和征求学生意愿在A、B两层之间滚动一次。这种分层教学的特点是：①所有任课教师都兼任A、B两个层次的教学班，既有利于教师在教学活动中更好地掌握和运用因材施教的教学原则，促进自身专业成长，又有利于调动教师的工作积极性，培养教师的团队精神和合作意识，提高教师工作考核的科学性和合理性；②同一个班级内部，学生成绩相对比较接近，教学工作进行起来比较顺利；③既正视学生的基础，又面向未来，用动态的、发展的眼光看待学生，着眼于每一个学生的学习积极性，激发学生的学习潜能，培养竞争意识。当然，任何事物都有其两面性，这种教学模式在实施过程中也不可避免地受到了来自社会、教育管理部门、学生和家长等方方面面的质疑。

（二）中学地理分层次教学模式

1. 中学地理教学的现状及特点

长期以来，我国中学地理教学由于受到"应试教育"的影响，普遍存在着学校不重视，学生不愿学，课时被挤占，教师编制少，教学投入不足，教师待遇差、地位低，工作缺乏积极性，教学观念落后，方法陈旧、手段单一等问题。尤其从1993年到2002年的10年间，由于高考取消了地理学科，更使地理教学雪上加霜，举步维艰。大量的地理教师因此而流失，不仅给后来地理教学的振兴和发展埋下了隐患，也是造成目前许多地方地理教师供需严重失调、青黄不接的主要原因。

近年来，随着素质教育的全面实施以及高考制度的改革，中学地理教学的处境较之以往有了很大的改观；加之新课改的不断推行，使得地理学科取得了与政治、历史、物理、化学等学科同等的地位，这一举措为加强中学地理教学，促进地理教育繁荣和发展产生了积极的影响。但由于课程设置及初中只作为学业水平考试科目（考试成绩不作为高一级学校录取的依据），家长普遍存在重理轻文等方面的原因，中学地理教学仍存在许多不尽如人意的地方。突出表现在：学生对地理学习的积极性不够高，大部分学生只满足于学考过关，缺乏持续深入学习的打算。因此，对老师所采取的教改措施很难给予有力的支持和配合，一定程度上影响了教师开展教改研究和探索的热情。根据对最近几年来分层次教学研究成果的检索，涉及地理学科方面的可以说凤毛麟角，与其他学科如火如荼的教改研究形成巨大反差。老师普遍存在因课业负担过重，教学压力过大，而无暇顾及个体差异，面对差异束手无策的现象。为了进一步了解当前中学地理教学的具体情况，本人对甘肃省境内兰州、白银、武威等市部分地理教师教学现状进行了问卷调查并得出以下结论。

（1）地理教师普遍编制偏少，课业负担过重。据统计，学生规模在2000人左右的学校，地理教师平均为4.5人，人均周课时14节。大部分地理教师还担任班主任和学校其他工作。在被调查中，有60%的担任班主任工作，另有20%左右的担任学校行政工作，有少数地理老师甚至承担着学校电教室建设和管理工作。另有，有将近三分之一的老师跨两个以上年级上课。

（2）对教改认识明确，但行动迟缓，力不从心。大部分教师都认识到面对学生日益扩大的个体差异，开展因材施教显得更具指导性和现实性，但真正付诸实践的却比较少。在被调查者中，只有30%的老师表示自己有过这方面的尝试，有接近54%的老师表示有过这种设想，但未能实施。在被问及未能坚持或难以实施的原因时，40%选择了"班额过大，难于组织"；55%的老师选择了"所教班级多，跨课头多，课时少，无暇顾及"。在被问及"如何在教学中面向全体学生，全面提高学生学习成绩"时，67%的老师选择了"精讲多练"和"抓中间、带两头"，只有不到32%选择了"对基础和能力不同的学生采取不同的要求和进度"或"加强个别辅导"。

（3）"班内分层目标教学"和"按能力分班教学"两种模式被绝大多数

地理老师所偏爱。关于"采取什么形式更适合于中学地理教学落实因材施教原则"的调查中，接近54%的老师选择了"班内分层目标教学"，接近38%的人选择了"按能力分班教学"。这种选择比较符合中学地理教学的实际，原因是，一般情况下，地理教师至少要担任3～6个以上教学班才能达到学校规定的工作量，按每个教学班平均54人计算，每个老师面对的教学对象至少在160～300人。可见，单凭地理教师个人的努力要想开展分层次教学实践，其难度可想而知。因此，要么借助于学校的力量，在能力分班的基础上通过分层次教学策略落实因材施教原则；要么选择一种成本相对较低，风险相对较小的教学模式，进行分层次教学尝试。

以上调查也可以看出，对"什么是分层次教学"，有相当一部分老师还不甚了解，或者说只是把它简单地理解为一种教学策略，认为只要在教学中不放弃每一个学生，并对程度不同的学生提出与其能力水平相适应的目标要求就是分层次教学。存在这种现象其实也不足为奇。因为，对中学地理分层次教学而言，目前存在的最大困难莫过于缺乏完整的理论指导和成熟的有较强针对性的教学模式。这也正是广大地理教师感到举步维艰，力不从心的症结所在。

2. 中学地理分层次教学模式

通过对当下中学地理教学现状的调查分析，结合分层次教学各主要模式的特点，中学地理分层次教学的适用模式应为"班内分层目标教学模式"。这一模式可简单概括为"复习提问—导入新课—创设教学情境—分层探索—总结归纳—反馈矫正—分层提高"。在教学中，为处理好统一讲授和分层教学的关系，通常可采用"统一教学，分层探索，个别指导"三结合的教学方法。"统一教学"主要用于导入新课、创设情境、总结归纳这几个环节，这是根据大纲要求、教材内容和学科知识体系，面向全体学生进行的教学，要求把教学措施建立在全体学生上，讲授最基本的内容，完成最基本的教学目标。"分层探索"是教师针对探究主题，分别设置与A、B、C三个层次的学生学习能力相适应的问题，交予各个层次的学习共同体进行分层探究。每个层次由一名成员负责主持相应问题的探究，其他成员各抒己见，经过讨论、协商，形成共识。对本层次内不能解决的问题，可向老师寻求帮助参与共同讨论。"个别指导"主要在分组探究、反馈矫正、分层提高阶段进行，指导的对象主要是那些在分层探究、反馈矫正、分层提高阶段，经过本层次其他成员的帮助，仍未达到目标的学生。这种教学模式不仅被大部分地理教师所认可，同时也是本人自2001年连续担任高中文科班班主任及地理课教学以来坚持尝试的，并被学生所认可的一种较为有效的模式。该模式的基本程序如下。

（1）合理进行学生的分层。了解和研究学生是进行有效教学的前提。在制订教学计划、进行备课时，应考虑到学生的智力、兴趣、知识水平、接受能力、学习方式等方面的差异，全面分析学生所处的层次，并将学生分为若干层次。在实践中，学生分层的做法包括显性分层、隐性分层、学生自主定层三种基本类型。显性分层往往会产生许多负面的影响，如将学生分成优良中差几个等级，一是会挫伤部分学生的自尊心，二是程度较差的学生集中在一起容易产生自卑及消极情绪，不利于他们的发展等。因此，如何避免学生自尊心受到伤害，是地理分层递进教学中应引起特别注意的问题。学生分层的基本原则是尊重学生、动态分层。

（2）科学实施分层教学。在实施分层教学时，教师应按教学大纲（课标）的要求，根据教材的特点，从学生的实际出发，确定出上、中、下三个层次的教学目标，即少数学有余力的学生可以达到的"发展性目标"；多数学生经过努力可以达到的"提高性目标"；所有学生都能达到的"基础性目标"。具体来说就是，对学习困难的学生只要求学会最基本、最主要的知识，对中等生要在"熟"字上下功夫，注意发展综合能力、创新能力，而对优等生则要求深刻理解、灵活运用，能够综合分析问题，提高创造思维能力。并且在课前2～3分钟公布教学目标，使不同层次的学生明确这节课将要学什么、怎么学、学到什么程度。分层备课是分层教学的前提，分层教学目标的确定、教学方法的选择、教学过程的设计都要通过备课来加以解决。课堂教学是分层教学中最难操作的部分，也是教师最能发挥创造能力的部分。教师应根据不同的课型（新授课、练习课、复习课等）和不同的学习内容，采用相应的教学方法。课后作业与辅导是学生巩固课堂学知识、及时纠正错误认识、提升迁移应用能力的重要手段和途径。一般是根据不同层次学生的实际，布置不同类型的作业题，并在数量、难度和要求上有所区别。作业分层的原则是，能使相应层次的学生独立完成，并能有意愿挑战高一层次的题目。

（3）鼓励性的分层考查与分层评价。实行分层次考查，每份试题包括基本题、提高题和深化题三大类。基本题应适应最低层次学生的学习与掌握，符合教学大纲（课标）的最低要求；提高题应面向中等层次的学生，深化题由高层次的学生完成。分层次考查的要求是激励性、巩固性。

四、中学地理分层次教学模式程序及策略

（一）学生分层

如何分层，可以说是分层教学的核心问题。对学生进行合理分层是分层教学实施的前提和基础，因此，对学生分层的标准是否客观、科学，直接影响着目标分层、过程分层、作业分层和评价分层标准的客观科学性，也影响着整个分层教学的效果。

从总体上来说，现有的分层教学大多数是采用通过传统的纸笔考试得来的学业成绩进行分层的。这种单纯地以一次考试成绩为标准，把全班学生划分成不同层次的做法缺乏科学性。其原因是，考试成绩具有不确定性。每次考试因为所考查的内容不同，出题的角度不同，难易程度不同，加之学生每次考试时的身体状况不同，都可能出现不同的结果，形成不同的排名。通过问卷调查显示，大多数老师也不赞成以一次考试成绩为依据对学生进行分层的简单做法，而是更倾向于按学生能力分层。根据心理学研究表明，能力的个别差异主要表现在三个方面，即发展水平的差异、表现早晚的差异和结构的差异，而且能力的形成和发展又受多方面因素的影响。可见，关于学生能力结构和水平的测评也很难做到准确和客观公正。事实上，不管以什么标准为依据，都不可能准确反映学生方方面面的差异，我们只能是根据教学某些方面的需要，对学生进行大致可能的划分。我的具体做法是，经过一段时间对学生的深入观察和全面了解（重点是学生的课堂表现、回答问题的质量、作业完成质量），根据每个学生的现有学习水平和可能性发展水平及各自的非智力因素，将全班按预设的教育目标分成三个层次。在分层过程中，为了不引起学生的误解，并对今后的教学管理产生负面影响，又拟定了指导学生分层的思想和基本原则，并对学生及家长进行深入的解读和说明。

1. 指导思想

学习成绩的差异是客观存在的；对学生的分层只是按现有学习能力和学

业水平方面的差异分层，而不是人格的分层；分层是为了更有利于教学和学生发展的需要，而不是给学生划分等级，其根本目的是教师在教学中从不同层次的学生实际出发，采用不同的方法帮助学生提高学习成绩，使不同程度地学生都能最大限度地发挥他们的潜力，以达到逐步缩小差距，实现班级整体优化的目的。

2. 基本原则

（1）教师指导，师生磋商。教师对学生层次的选择给予全面指导和帮助。帮助学生对自己的学习状况和存在的问题进行客观分析，指导学生要量力而行，不要偏离自身实际，力求使自己获得最大的发展；指导学生根据自己的学习状况调整自己的学习层次；指导学生适应分层次教学方式的变化，将学习动机和心理状态调整到最佳水平。学生在选择层次时，应尽量多地征求老师的意见和建议，使自己的选择得到老师的认同和支持，只有这样，教师的"教"和学生的"学"才能达到高度的统一和默契。

（2）尊重学生，自愿选择。在正确指导的同时，让学生自主做出选择，教师只能根据自己的判断，对学生自主选择提供参考性建议，而不能违背学生意愿，将学生强行划分到某一层次。之所以必须这样做，是因为在实施分层教学的各个环节，要充分落实学生学习的主体性，分层教学照顾学生差异的目的就是为了更好地体现和发挥学生的主体性，让学生成为学习的主人，让学习成为学生"我愿意、我能够、我深信"做好的事情。只有在教学中真正体现学生的主体性地位，分层教学的成绩才可能有质的提高。

（3）动态调整，层层递进。通过一段时间的教学，教师可根据学生的发展性，在征得学生同意的基础上进行层间调整，鼓励低层次的学生努力向高层次递进。

3. 具体做法

根据学生的学习基础、智能结构、性格特点、学科专长、兴趣爱好，结合对他们自主选择层次意向的综合考虑，将全班划分成三个层次。为了不给学生造成心理压力，各层次的名称分别用A、B、C来代表，各层次人数可根据班级学生实际情况而定。

A层次：言语—语言、逻辑—数理或自知—自省等智能发展水平相对较低，但同时，有可能或已经在音乐—节奏、视觉—空间、身体—运动、自然观察等智能方面具有较高的水平或可开发的潜力。突出表现为：语言表达、运算和推理的能力较差，自我认知水平低，对文化课学习缺乏兴趣，注意力不集中，学习基础薄弱，自信心不足，学习不够积极主动，成绩欠佳，但对参加各项活动具有很高的积极性，并能努力取得优异的成绩，因此，他们在学生中同样具有一定的影响力。对该层次学生，在教学中除了允许他们可以用更多的时间完成学习任务外，还要注重教学情境的创设，并运用图片、图表、故事等感性材料，提高课堂教学的趣味性，激发他们的学习兴趣。同时，要为学生更多创造实践、操作、练习的机会。尤为重要的是，要帮助学生正确认识自我，善于扬长补短，确立自己可及的奋斗目标和努力的方向，增强自信心。

B层次：言语—语言、逻辑—数理、自知—自省等智能发展水平中等或不平衡，交往—沟通智能发展水平较低。大部分学生有一定的学习基础，认知水平和接受能力较好，学习态度积极，听讲认真，具有一定的上进心和责任感，但自信心不足，不善于与老师、同学交流，成绩中等且不稳定。对该层次学生，在教学中，除给予他们更多讲解外，还应尽可能多地给他们创造讨论、交流、分享、展示的机会，通过同学间的合作、交流、表达以及老师的鼓励性评价等手段，加强对该层次学生语言表达能力、逻辑推理能力、自我认知能力的培养，提高自信心。

C层次：言语—语言、逻辑—数理、自知—自省、自然观察等智能发展水平较高，尤其是语言智能和逻辑—数理智能明显高出其他学生，他们普遍善于表达自己的思想和观点，但大部分学生在视觉—空间、身体—运动等方面存在不足。表现为学习基础较为扎实，有良好的学习习惯，认知水平高，学习兴趣浓厚，主动性强，思维活跃，敢于表达自己的观点，成绩优秀且相对稳定，师生关系、同学关系融洽，对自己充满信心，热心班级事务，兴趣广泛，有较强的组织管理能力。

（二）教学目标分层

教学目标是教学活动的主体在具体教学活动中所要达到的预期结果和标准，是进一步具体化了的教育目的和培养目标。它是教学工作的出发点和归宿，也是检测、评估教学质量的最根本标准。对教师组织处理教学内容、选择教学方法、安排教学过程等具有重要的指导意义。而在实施分层次时，教学目标除了要体现教学大纲（标准）要求的教学内容，还要充分考虑各层次学生的差异，适应各层次学生的学习要求和个性特点，以学生实际发展水平和发展可能性为前提，因材施教，从而使不同层次学生不仅在人格方面不断完善，而且学习能力和认知水平在其原有基础上都有所提高。因此，分层次教学目标应是多元化的，有层次性和差异性的学生发展目标。这种多元化的、有层次性和差异性的发展目标具体表现在以下几个方面。

第一，有一个总的教学目标，即要求每一个学生都必须达到的共同的基本教学目标，包括学年目标，各学科的学期目标、单元目标、课时目标等。

第二，总目标之下，不同层次的学生要有不同的层次目标，如高层目标、中层目标、基础目标。各层次学生要达到相应层次的目标，并且这种目标是动态的，是与各组学生现有发展水平接轨基础上的层层相连，逐级递进的。

第三，各层次的教学目标要在知识技能、过程方法、情感态度价值观等方面都有所规定。即既有利于促进学生的学业发展，也有利于学生良好人格的养成和心智发展，使学生的智力因素和非智力因素达到协调和统一。

1. 班级总体目标要求

（1）教育目标方面：以建设优秀班集体为目标，让学生认识到优秀班集体是孕育优秀人才的"土壤"，集体的进步和发展是个人取得进步与发展的前提和保障。着重培养学生的集体荣誉感和凝聚力，形成师生之间、同学之间相互尊重，相互理解，教学相长，共同提高的班级文化。教育引导学生端正学习态度，树立远大理想，增强自信心和责任感，养成良好的学习习惯，在学习中敢于克服困难，发挥特长，展示自我，超越自我。树立"不放弃""不抛弃"的信心和决心，努力赢得学校、家长、教师的尊重和信任，从而为全体学生创造有利的学习和成长氛围，推动班级整体教学目标的实现。

（2）教学目标方面：针对高中教学必须最终面向高考、提高高考升学率这一现实需要，对于地理教学而言，教学总目标除了严格执行国家课程标准和地理教学大纲所规定的教学目标外，还要充分考虑教育部考试中心所制定的《高考考试说明》中有关地理方面的考核目标和要求，即获取和解读地理信息能力；调动和运用相关地理知识分析和解决实际问题的能力；运用地理语言来准确描述和阐释地理事物和现象的特征、空间结构、相互关系及发展变化过程的能力；论证和探讨问题的能力。在提高学生地理学科素养和人文精神的同时，要为学生在高考中能取得优异的成绩奠定基础。

2. 各层次教学目标

A层次：①教育目标是重在培养学生良好的学习习惯和顽强的意志品质，激发学习动机，增强自信心和责任感，端正学习态度，相信自己只要努力付出了一定会有收获和回报。②教学目标是以掌握地理基础知识、形成初步技能为目标。如，能够准确识记地理概念、原理、名称、类型、特点具有一定的读图、填图能力，并能运用地图说明地理事物的空间分布。

B层次：①教育目标是着重培养学生良好学习习惯的养成，激发求知欲和上进心，重视理想信念教育和自强自立意识教育，鼓励学生敢于竞争，不断进取，超越自我。在学习中不仅要舍得投入时间和精力，更要善于总结交流，掌握科学有效的学习方法，争取向C层迈进。②教学目标是熟练掌握地理基础知识，形成地理基本技能。如能够使用准确和规范的语言描述和阐释地理事物和现象的特征、空间结构、成因、相互关系及发展变化过程；初步运用相关地理知识分析和解决实际问题；具有填图、绘图并借助地图获取地理知识的能力；要在已有知识结构基础上，构建新的知识结构，形成较为完整的知识体系。

C层次：①教育目标是关注学生科学态度、科学方法、科学精神及学科兴趣的形成；重视对学生远大志向教育，鼓励超前学习，自主学习，独立思考，敢于冒尖；养成自我管理、自我教育，善于观察，勇于实践的能力。同时，要培养他们的集体观念和意识，要乐于助人，善于交流，发挥榜样力量，热心班级建设，成为班级建设的骨干和学习的带头人。②教学目标是获得比较系统的地理基础知识，形成地理基本技能，培养地理思维能力、地理探究能力，形成科学的人口观、资源观、环境观和可持续发展观。如，能够运用准确规范的地理语言，描述和解释地理事物的特征、规律、成因相互关系和发展变化过程；能够运用相关地理知识分析和解决实际问题；能够运用判断、归纳、演绎、比较、概括等方法梳理地理知识，使地理知识系统化、结构化；借助地图提炼地理信息，并对其进行分析整合，形成心理地图。

（三）教学分层

1. 分层备课

教学工作以上课为中心，备课是上课的准备阶段，只有备好课才有可能上好课。因此，分层教学的先决条件是分层备课。要做到分层备课，首先要钻研教材，包括钻研课程标准，教材内容和教学参考书。在吃透教材的前提下，依据课程标准划分教学内容和学生能力层次，确定哪些内容是教学中"必讲、必做、必考"的，哪些是"选讲、选做、选考"的，哪些是要求全体学生必须掌握的最基础的知识，哪些是只要求部分学有余力的学生应掌握的补充知识，哪些是只要求有一定兴趣的学生了解的较深层次的知识。同时，应明确哪些内容是可以取舍的，哪些材料是必须补充的；其次要研究和了解学生，包括了解不同类型学生的知识基础、成长环境、接受能力、思维品质、个性习惯等，在此基础上还应对学生学习新知识时会有哪些困难，可能产生哪些问题有所预见，并对不同层次的学生提出相应的预习要求。第三，选择教法和设计相应的教学策略，包括课型、教学组织形式、课堂提问、课堂练习和课后作业。

教学内容在课堂教学中处于核心地位，教学的目标、价值及其策略、方法都是通过教学内容来体现和实施的。因此，分层备课所要解决的主要问题就是教学内容的分层和实施途径的选择。

（1）中学地理学科教学内容及能力层次划分。中学地理学科教学内容及能力要求大致可分为下列三个层次。①掌握知识的能力。地理基础知识是课程标准中所规定的最基本的教学内容，因而学生掌握基础知识的能力，也自然成为地理学科能力的最基本成分。按照思维发展由简单到复杂的顺序，这一能力又可分为三级：一是识记，指对地理概念，地理事物及现象名称、数据、空间分布的认识和再现能力；二是理解，指在识记的基础上对地理事物及特征的成因、规律、相互关系、影响和作用等概括和总结的能力；三是建构，指在识记和理解的基础上，运用归纳、分类等方法将获得的地理知识按其内在逻辑联系，建立地理知识结构，使之系统化的能力。②应用地理知识的能力，即运用已获得的地理知识以及图文资料提供的信息进行综合归纳、比较、分析、评价地理现象，解决地理问题的能力。这一层次的能力可分为两个级别：一是分析判断能力，指对复杂的地理事物的分层、分类剖析，认识组成地理环境各要素之间的联系和特征，如根据河流水文特征分析和判断自然地理环境特征；二是综合概括能力，在认识地理事物空间分布的基础上，善于揭示它们之间的本质联系和发展变化规律，从而扩大认识深度和广度的能力，这一能力是地理学科教学目标要求的较高层次，是学生思维能力的核心。③形成地理观念的能力。地理观念，即地理思想，是人们对地理事象和地理问题的本质及内在规律认识和地理方法的高度概括和总结，它规定和约束着人们地理思维的方向和从事地理实践的行为，是人的地理素养高低的集中体现。地理观念主要包括整体观、资源观、环境观、人口观、可持续发展观等。

（2）分层教学中教学内容的实施途径。目前，在分层教学实践中教学内容的实施途径主要有三种。一是同内容、同进度、同要求；二是同内容、异进度或要求，这一途径又具体包括三种情况，即同内容、同进度、异要求，同内容、异进度、同要求，同内容、异进度、异要求；三是异内容、异进度、异要求。以上三种途径表面上看，途径一更多地着眼于学生共性的一面，而途径二和三则更多地着眼于学生个性的一面。具体哪一种途径更有利于分层教学目标的实现，则要看分层教学的具体模式。对于按学生智力水平和成绩"分班分层教学模式"来说，显然途经二和三是值得提倡的，这也符合布卢姆的掌握学习理论关于学生学习的论述。但对于"班内分层目标教学模式"来说，异内容、异进度都很难在具体的教学实践中加以实施，因此，"同内容、同进度、异要求"就成为最理想的选择。

2. 分层授课

授课是教学的中心环节。分层授课，就是在分层诊断的基础上，根据各层次学生对原有知识掌握的程度，结合所学内容的性质、任务和各层次学生的特点，运用相应的方法和手段组织教学活动，从而使各层次的学生顺利掌握新知识，并在原有基础上得到发展的教学策略。其课堂教学的基本结构可依教学内容而定，一般应包括以下模式。

（1）分层设疑，自我达标，分类指导。基本结构如图2所示：

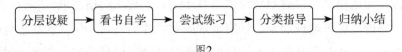

分层设疑 → 看书自学 → 尝试练习 → 分类指导 → 归纳小结

图2

基本要求如下：①上课时，分层提出思考问题、启发思维；②布置学习内容，指导学生看书自学；③不同类型的学生分层思考，尝试练习；④教师针对学生练习中存在的问题进行集体或个别指导；⑤老师对本节课的主要知识点进行归纳小结，强化学习重点。

（2）大班导学、小组议学、个别辅导。基本结构如图3所示：

图3

基本要求如下：①备课时，以大多数学生能接受的程度来设定教学基调，在此教学基调背景下，制定以B层学生为主，同时兼顾A、C两层学生要求的教学设计，进行集体授课。②授课时，重视双基教学，即基本概念、基本原理、基本技能的讲解、演示、练习，精讲精练，注重对课本例题和习题的处理。③指导学生进行合作交流，尝试练习，并安排C层学生帮助指导A层学生，加深彼此对课堂教学内容的理解。人类学习研究表明，做与说是记忆和习得知识的最佳途径，通常情况下，人们只能记住读过的10%，记住听过的20%，记住看过的30%，记住听过和看过的50%，却能记住自己说过的70%，记住自己做过的90%。因此，在课堂上安排一定的时间让学生对所学内容尝试复述或练习是巩固知识有效手段。④根据学生所反馈的交流情况，进行个别辅导，重点是加强对A、B层次学生的辅导，及时点拨，查缺补漏。

（3）设疑激趣，分层探究，交流共享。基本结构如图4所示：

图4

基本要求如下：①老师通过介绍或描述某一地理奇观或以讲故事的形式向学生提出问题，激发学习兴趣。②针对三个层次教学目标和学生基础及自学能力，提出各自所要学习和掌握的内容，并分层次要求学生探究质疑。③交流共享，对较为简单的学习内容，由A、B两层的学生进行解答和相互补充，并及时通过鼓励加以强化，而对于有一定难度的问题，则要求C层的学生通过小组讨论、交流，用自己的语言表达出来。这种小组间表达交流的方式，不但有利于加深讲解者对知识的保持和巩固，展示水平，提高自信心，而且还对其他同学的思维提供启示，使他们及时发现问题，加深理解，完善认识，开发思维潜能。

（4）提纲导学，分层训练，层层递进。基本结构如图5所示：

展示提纲 → 看书（图）自学 → 分层训练 → 各取所需

图5

基本要求如下：①根据教学内容拟定好导学提纲，并通过教学媒体向学生展示，强调不同层次的学生在自学时所要掌握的重点；指导学生默读教材、课本插图、地图册，了解和掌握相关地理知识。②教师通过板书和板图引导学生完成各自所要掌握的内容。在这一过程中，不论是填图或填表，都应遵循由易到难，由简单到复杂的认知规则，A层学生完成最基本的内容，说明现象；B层学生在完成A层学生所掌握内容的基础上进一步加深和补充，描述解释现象；最后由C层学生由一般推广到特殊。

3. 分层作业

作业是帮助学生进一步巩固所学知识和技能，培养学生运用所学知识、技能独立分析问题和解决问题的能力，并使技能达到熟练的重要手段。分层作业，就是根据学生的能力和学习水平，给优生和差生分别布置数量、难度各异的作业，并给予必要的指导、提示和帮助。教师在设计练习或布置作业时要遵循"两部三层"的原则，"两部"就是把学生作业或练习分为必做题和选做题两部分；"三层"是作业难度应分为三个层次，各层次之间有一定的梯度。第一层次为基础题，是对课本知识的直接运用和练习；第二层次为发展题，是课本知识的变式或延伸；第三层次为综合题，是对课本知识的推广和应用。以高中地理上册"大气热力状况"一节为例，设计以下学生课后作业。

1. 大气对太阳辐射的削弱作用主要表现为哪些方面，试分别举例说明。

2. 什么是地面长波辐射？为什么说地面是对流层大气主要的直接热源？

3. 什么是大气逆辐射，有何作用？

4. 根据所学知识解释，在晚秋或寒冬，为什么霜冻多出现在晴朗的夜晚？为什么人造烟幕能起到防御霜冻的作用？

5. 根据大气的热力作用解释：①为什么晴朗的天空呈现蔚蓝色？②日出

前的黎明和日落后的黄昏天空为什么仍然是明亮的？

6. 试运用所学知识分析说明，全球变暖是目前人类所面临的全球性生态环境问题，而人类不合理的活动是全球变暖的主要原因。

1、2、3为基础题，属于A层学生的必做题；4、5为发展题，是B层学生的必做题；6为综合题，是C层学生的必做题。

地理作业包括填充图册作业和教师自主设计的思考题和绘图、填图题。因此，教师在布置作业时，为了不给学生增加过重负担，应首先对填充图册作业要进行研究筛选，明确哪些是课堂应该完成的，哪些是要求课后完成的，哪些是必做题，哪些是选做题，哪些是需要补充的。给学生布置作业时，A层学生，要求完成填充图册的必做题和老师补充的基础题；B层学生，要求在完成以上两部分的基础上，争取完成选做题和发展题；C层学生，要求原则上应尽可能全部完成，但必须完成地图册的选做题和老师布置的发展题与综合题。作业批改时，对A、B层学生的作业应详细批阅，并指出错误所在，加以改正，辅以鼓励性评语，并对个别完成质量较差的学生应进行面批，帮助其分析错误原因，加强师生之间的情感交流；对于C层学生的作业，可通过个别讲评和点拨，引导学生多进行自我评价和相互评价，取长补短，自我完善。

4. 分层评价

分层评价是分层教学不可或缺的一个重要环节，也是实施分层教学最为有效的手段。分层评价不同于传统教学评价用"一套试卷、一个标准"来衡量学生，而是着眼于不同层次学生的学习能力和教学实际，在充分尊重学生人格的前提下，采用不同标准，实施分层考核。其目的是让学生通过评价都能看到自己的进步，体验成功的喜悦，从而鼓励和激发学生学习积极性，提高学习兴趣，树立刻苦学习，不断超越自我的信心。分层评价除了体现评价的诊断、反馈和改进教学的功能外，更强调对学生的激励作用，符合教学评价的发展性原则和客观性原则。分层评价的主要方式如下。

（1）诊断性评价：在分层教学的准备阶段，为了全面了解学生的已有知识水平、能力发展情况及每个学生的学习优点与不足而进行的评价，其目的是为今后的分层施教提供可靠依据，以便更好地组织教学内容，选择教学方法，落实因材施教。

（2）形成性评价：在教学过程中，为了鼓励不同层次的学生能够及时掌握所学内容，通过课堂分层提问和分层作业、单元检测的方式，对学生所取得的进步及时给予肯定和强化。相对于其他形式的评价，形成性评价更有利于激发和调动学生的学习积极性和主动性。

（3）总结性评价：在完成某一阶段的教学任务后，通过考试和鉴定的方式对每个学生在学习成绩、学习态度、思想品德、行为习惯等方面做出全面客观的评价。这种评价不仅可以作为调整学生层次的依据，也可以作为调整和制定新的教育教学目标的依据。更为重要的是，公正客观的总结性评价和在此基础上对学生后续学习取得成功的可能性预言，将成为激励学生今后努力上进的动力。

由此可见，在分层次教学过程中，诊断性评价应当看作是教学活动的起点，而不是对学生的定性和总结；形成性评价应是教师在教学活动中促进学生发展的一种手段；总结性评价应是帮助学生最终取得成功的阶梯。只有基于这样的认识，我们才有可能制定出适合分层评价的标准和各种有效的措施。比如，在单元测试或期中、期末考试时，既可采取按A、B、C三个层次学生的实际学习能力单独命卷，也可按同一试卷分必做题、选做题，由学生自主选择答题；或者是采用同一试卷、不同评价标准（即A层学生及格线、B层学生及格线、C层学生及格线）等形式进行。注重对学生读图、用图能力的考查是地理学科的突出特点，因此，对地图知识的教学和考查，也可分为三个层次，A层，以读图和填图为主；B层，侧重于运用地图，描述地理事物特征及空间分布规律；C层，侧重于运用地图，分析地理事象的成因，解释各要素之间的相互关系及发展变化趋势，对区域特征进行评价，并根据试题要求完成有关区域规划的内容。

五、中学地理分层次教学模式应用——以高中文科班地理教学为例

（一）高中文科班地理教学实施分层次教学的现实可能性

1. 高中文科班学生构成的基本特征

自2000年全国新一轮高等学校招生考试改革以来，大部分省区采用了"3+综合"的考试模式，即文科实行语文、数学、外语加文科综合（历史、

地理、政治合卷）；理科实行语文、数学、外语加理科综合（物理、化学、生物合卷）。因此，高中学生一般会在高一结束地理、历史两科会考之后，由学校根据学生的学科特长，专业兴趣以及对高考招生形势的分析预测，指导学生按文、理科重新选报班级，从高二开始，实行文、理分科教学。由于文科中的政治、历史等学科更多地属于陈述性知识，主要通过记忆和理解等方式学习，而且容易用言语表达清楚，学习速度相对较快，又无须大量的练习、操作及运算，而且对数学的要求也相对较低，因此，进入文科班学习的学生大多为在数理逻辑智能方面表现一般，数、理、化，甚至地理学习成绩较低。而且，随着高中招生规模的扩大，这种现象日益明显，并呈现出以下特点。

（1）女生占有较大比例。大部分学校学文科的学生中女生占绝对优势，男女生比例大体为1：3左右。

（2）学业成绩整体水平偏低。从各学校的情况来看，文科班学生学业成绩整体水平与理科班相比有很大差距。这不仅表现在高中录取时的原始成绩上，甚至反映在高一各门功课的学习和掌握上。就调查样本的情况来看，进入文科班的学生从高中录取的原始成绩来看，前10名的学生基本没有或偶有一、二名，前20名的学生大约可占到10%左右；从分科前学生在高一年级的总平均成绩来看，文科班也要低于理科班15～20分左右。在重点中学，这种差距可能要更大一些。

（3）选择体育艺术类专业学习的学生增多。有一部分学生，通过高一阶段的学习，逐渐感觉到单凭文化课的学习很难实现将来进入大学学习的梦想，于是把目光开始转向艺术类专业（其中一部分属于在教师指导下转向艺术专业的）。这部分学生之所以选择文科，主要是考虑到艺术类专业的学习需要花费更多的时间和精力，显然选择理科使他们在时间和精力上难以保障。

（4）学生的自然分化较为明显。根据与学生的座谈交流和多年班主任工作的便利条件，发现文科学生就其学习动机来看，大概可分为以下三类：第一类，对文科学习有比较浓厚的兴趣，学习目的明确，对自己心目中的大学有强烈的渴望。第二类，对文科学习并没有多大兴趣，只是感觉文科的学习相对于理科的数学、物理、化学来说相对轻松一些，通过权衡自己的学习成绩和在各科学习中花费的时间与精力大小，最终选择文科。这类学生尽管对考大学有一定期望，但又缺乏明确的奋斗目标，对未来大多抱着一种投机心理，属于"走到哪儿算哪儿"；第三类，对所有学科都没有多大兴趣，自我效能感较差，学习目的不明确，对考大学的期望值比较低，学习基本属于"走一步，看一步""混一天，算一天"。从学习成绩来看，高低差异悬殊，学生学业构成呈典型的"金字塔"形。

（5）学生普遍在数学、英语、地理三科的学习上困难较大。表现为基础差，底子薄，理解慢，效率低。如果说数学和英语成绩决定着文科学生的最终排名的话，地理学科是制约学生，特别是女生文科综合取得理想成绩的最大障碍。因此，在文科学生中常常有这样一种现象：凡是数学、英语、地理学习成绩突出的学生，一定在同年级或班级名列前茅。"地理决定成败"已成为文科学生学习的一条潜规则。

2. 高中文科班地理教学实施分层次教学的可能性

在当前缺乏完善的理论支持的背景下，在中学阶段实施分层次教学，不可避免地会引起人们的争议，从而对分层次教学的健康发展带来不同程度的负面影响。其中，最主要的压力来自因部分学生和家长对分层次教学的误解而产生的排斥和不合作心理。

因此，不管什么形式的分层次教学，在义务教育阶段和高中起始年级都应谨慎推行。但对于高二以上已实行文、理分科教学的年级来说，从学校发展需要出发，结合班级学生实际，开展分层次教学，不仅不会对学生心理发展产生负面影响，而且有助于提高教学成绩。原因有三：首先，高二以上年级的学生在年龄上大都已接近成人，心理也日趋成熟，随着年龄和知识水平的增长、自我认知程度的加深，自我评价逐渐趋于成熟和稳定，同时也具备了一定的心理承受能力；其次，学生的世界观、人生观、价值观有了比较鲜明的个性色彩，大部分学生对人生意义有了初步的理解，并开始思考未来，有了比较明确的学习目标，对自己的兴趣爱好、智力结构、学习能力、学业水平，能够做出比较客观地评价；最后，走向高考，面对竞争是他们无法回避的事实。每位学生只有对自己的"最近发展区"做出准确判断，才能明确切合自身实际的努力方向和奋斗目标，才有可能不断超越自己，甚至超越他人，从而体验成功的喜悦，坚定刻苦学习的信心，并最终实现自己的理想。

3. 高中文科班地理教学实施分层次教学的现实性

基于以上文科班学生的构成特征，要想使文科班的教学取得一定成效，并在高考中有所建树，教学就必须面向全体学生，因材施教，分类指导，在充分发挥学生特长的基础上，把主要精力放在激发和培养学生学习动机，努力提高成绩处于中下的学生、特别是占较大比例的"学困生"的学业水平上。如果把希望只寄托在少数几个所谓的"尖子生"身上，以此来提高高考升学率，其结果是很可能连基本的教学秩序都难以维持，提高高考升学率的计划也必将最终落空。由此可见，在高中文科班教学中实施分层次教学既具有很强的针对性，也具有一定的现实意义。

（1）有利于老师对学生的全面认识和深入了解，真正做到对自己的教育对象了如指掌，成竹在胸。老师只有真正了解学生，才能做到真正地理解学生，只有真正地理解了学生，才能全身心地热爱学生，也才能赢得学生的尊敬和爱戴。师生之间的相互理解、信任、关爱是取得教育成功的前提和基础。

（2）使教师在教育教学中更加关注非智力因素的培养，有助于更好地发挥学生个性特长，发掘学生的潜能。因为，对于大部分的"学困生"来说，制约其学习成绩提高的主要原因不是智力因素，而是非智力因素，普遍表现为对学习缺乏兴趣，没有养成良好的学习习惯，意志品质薄弱，自我评价低，自信心不足等。可见，要提高这部分学生的学习成绩，就必须舍得在非智力因素的培养上投入更多的时间和精力，教育学生要树立正确的人生观、价值观，养成良好的行为习惯，磨炼自己的意志品质，自强自立，勇于进取。

（3）有利于使课堂教学更加贴近学生实际，一方面避免了个别学习基础好、接受能力相对较快的学生不满足于教师的讲授进度，而在剩余时间内显得无所事事的现象；另一方面，也不至于造成大部分基础差、接受能力比较慢的学生因听不懂而显得无所适从。实施分层次教学让所有学生都体验到学有所成，每节课都有一定的收获和成就感，也使学生对自己的能力和潜力有了新的发现和肯定，增强了学习的信心。

（4）加强了师生之间、学生之间的交流和帮助，增进了师生之间、同学之间的感情，加深了友谊，增强了学生对班组的归属感和认同感。同时也使不同性格、不同程度的学生在学习方法、思维方式等方面相互借鉴、相互启发、取长补短、共同提高。一个缺乏师生之间经常性交流和帮助的班集体就不可能对学生产生吸引力，如果学生对自己的班集体缺乏认同感和归属感，他就不可能全身心地投入学习中来。

（5）分层次教学的动态管理和激励机制，有利于激发学生的竞争意识和自主意识，鼓励学生不断进取，超越自我。

（二）中学地理分层次教学课堂教学案例

以人教版高中地理必修上册（2006）"气候的形成和变化"一节教学设计为例。

【教材分析】

气候作为组成自然地理环境的五大要素之一，在地理环境的形成和演化中扮演着极为重要的角色，与人类的生产和生活有着非常密切的联系。因此，气候的形成和变化，不仅是自然地理学所要研究的重要内容，而且贯穿于整个地理学习的始终，是地理学科最具有代表性和典型性的主干知识。因此，本节教材在整个高中地理学习中占有重要的地位。它既是对第二单元大气环境有关内容的总结，也是学习陆地和海洋、自然资源和自然灾害、人类地域活动与地理环境关系等内容的基础。

本节课为高中地理必修上册第二单元"大气"的第六节，是在学生已掌握了有关大气的组成、大气的热状况、大气运动、全球性大气环流、主要天气系统等大气的基础知识后，进一步认识世界气候的形成和变化。主要内容包括气候形成因子、世界主要气候类型、气候的变化三部分。其中，气候的形成因子和气候类型的判断是本节课的重点。围绕这些重点内容，教材首先从学生已知的知识，如气温、降水等气候要素和太阳辐射、大气环流、地面状况等气候形成因子入手，逐步归纳推导出新的知识和结论——气候的形成、多种多样的气候类型以及气候的变化是各种气候因子综合作用的结果，引导学生运用综合思维分析地理问题。有关气候类型的特点和分布等知识点的呈现，做到以图导文，图文结合，体现了地理学科的学习特点和要求，同时也有利于加强对学生读图、析图能力的培养。为了拓展教材内容，加深学生对教材主要内容的理解，激发学生的求知欲，还适当补充了一些内容，如我国历史时期的寒暖变化等。总之，内容线索清晰，重点突出，逻辑严密，图文结合，对学生思维能力和读图分析能力培养将有很大的帮助。

【学情分析】

本节课的内容有较强的理论性和专业性，对学生的知识基础和综合思维能力有较高的要求，但学生通过对区域地理及高一地理前面几个章节的复习，对世界主要气候类型、影响气候形成的因素等方面的基础知识有了一定的理解和储备，已初步具备了分析和解读气候资料的能力。如果教师引导得法，思路清晰，知识建构过程合理，再辅之以相应学习任务的驱动，调动学生学习的积极性、主动性，就能够实现让大多数学生达到教学目标所要求的水平。

【教学目标】

知识与技能：

1. 知道气候的主要要素和气候变化，掌握世界主要气候类型的名称（第一层次）；

2. 解释气候形成因子的作用及其关联性，掌握世界主要气候类型的成因、特点和分布规律（第二层次）；

3. 学会运用有关气候资料判断气候类型，培养学生运用地图获取和解读地理信息的能力（第三层次）。

过程与方法：

1. 会运用气温曲线和降水柱状图判读气候特点，并根据世界气候分布图说出各气候类型的主要分布地区（第一层次）；

2. 能够根据世界气候的分布规律绘制气候分布模式图，能够列表比较各气候类型的特点、成因（第二层次）；

3. 能够运用本节课所学知识解释世界各地气候成因、判断气候类型，从多因素、多角度综合分析地理事物的形成与演化（第三层次）。

情感、态度与价值观：

1. 使学生进一步认识地理事物之间相互联系，相互影响的辩证关系，树立地理环境整体性观念；

2. 培养学生留心观察身边地理现象，并善于运用所学知识进行解释和论证的学习习惯，以及在分析和解决问题时善于抓主要矛盾的思维习惯；

3. 培养学生实事求是，认真严谨的科学精神和善于合作、乐于探究的学习品质。

【教学重难点】

1. 气候形成因子及其作用，主要气候类型的特点、分布和成因；

2. 气候类型的特点、成因，气候类型的判断。

【教学方法】

读书指导，讨论分析，引导探究。

【教学用具】

多媒体课件。

【教学过程】

（一）导入新课

上节课我们重点复习了有关天气和天气系统的知识，知道了天气现象形成和变化的原因。本节课我们将要研究气候的形成和变化等方面的问题。气候是地理学科最重要的主干知识之一，在历年高考中都占有很大的比重，尤其是气候类型的特点、成因和分布等知识点几乎成为地理高考命题中无法回避的内容。那么什么是气候，气候又是怎样形成的，气候的形成和分布有怎样的规律，如何判断气候类型等问题就成为们本节课所要解决的主要问题。

（二）新课教学

（板书：2.6 气候的形成和变化）

导语：这节课的内容主要分为三部分，第一部分是气候形成因子，也就是影响气候形成的主要因素。这是本节课的重点之一，它既是对我们前面所学内容的总结，也是进一步学习和理解气候类型和自然带等知识的基础，因此，要求同学们都能够很好地掌握它。第二部分为世界主要气候类型的分布、特点、成因和判断气候类型的一般方法，这是本节课的第二个重点，也是难点。这部分内容需要同学们借助于课本图表以及老师提供的学习提纲，通过读图分析、综合、比较等方法认识各气候类型之间的区别和联系，并归纳总结出判断气候类型的一般方法。第三部分为气候的变化，对这部分内容的学习我们只做一般性了解。下面我们就来学习第一部分。

（板书：一、气候形成因子）

展示提纲，明确要求。

师：首先请同学们一起来看以下学习提纲（投影）。

（1）什么是气候，反映气候特征的主要气候要素是什么？

（2）什么是气候形成因子，主要包括哪些方面？

（3）各气候因子在气候形成中的作用是什么？

（4）各气候因子之间是怎样相互联系、相互影响的？

学习要求：①根据以上学习提纲，认真阅读教材第一部分，然后对每个问题进行思考，并写出答题要点；②A组同学着重掌握主要气候要素和气候形成因子，B组同学在掌握以上内容的基础上，要进一步理解各气候因子对气候形成的作用，C组同学在理解各气候因子及其作用的基础上，试进一步解释各因子之间有怎样的相互关系；③自学时间5分钟，然后我们对以上问题进行分组提问。下面请同学们按以上要求看书。

自学读书，个别指导：提醒学生结合有关太阳辐射、气压带风带、季风环流、地面辐射等知识，理解课本内容。

反馈交流，归纳小结：对A层学生提问1、2小题，对B层学生提问3小题，对C层学生提问4小题；教师归纳小结（投影）。

（教师补充）太阳辐射是最基本的因素，它既是地球表面冷热不同的根本原因，也是大气环流形成的动力来源。它通过大气和下垫面影响气候，大气环流和下垫面又直接影响着大气中水汽的多少和降水的形成，人类活动既能通过大气和下垫面影响气候，又能直接影响气候。可见，气候是各因子共同综合作用的结果。

（承转）世界各地的气候，由于形成因子不同，表现出了不同的特征，根据气候的基本特征，可将气候划分成若干类型。下面我们接着学习第二部分：世界主要气候类型。

（板书：二、世界主要气候类型）

展示提纲，明确要求：同样，请同学们先来看以下学习提纲（投影）。

（1）全球共有多少种气候类型？其中分别属于热带、亚热带、温带、寒带的气候类型各有哪几种？每种气候主要分布在哪些大洲和地区？

（2）不同气候类型的气温分布有什么规律？（结合太阳辐射，下垫面因子）

（3）不同气候类型的降水分布有什么规律？（结合大气环流因子）

（4）世界主要气候类型在地球表面是如何分布的？

学习要求：①A组同学读课本图2.26，掌握主要气候类型名称及分布地区；②B组同学在完成以上要求的基础上，阅读课本（一）（二）理解不同气候类型气温、降水的分布规律；③C组同学结合气温和降水分布规律总结世界气候的分布规律（各气候类型大致的纬度范围和海陆位置）；④自学时间10分钟，然后思考并完成以上问题。

下面请同学们阅读课本第47页至第48页有关气候类型的内容。

看书自学，互相讨论：鼓励A组学生边看书边互相提问；B组学生相互讨论，共同归纳；C组独立思考。老师进行个别指导。

反馈交流，归纳小结：对A组同学提问1小题，对B组同学提问2、3小题，对C组同学提问4小题。教师归纳小结（投影）。

（承转）由全球气候分布模式图可以看出，每一种气候类型正是由于其所处的纬度位置、海陆位置以及环流条件不同，就形成了不同的气温和降水的组合，也就表现出了不同的特征。熟练掌握各种气候类型的基本特征及其成因，并学会运用气温曲线图和降水柱状图来判别气候类型，是我们本节课最重要的目标，对今后的学习也有着极大的帮助。下面我们继续学习主要气候类型的特点、成因及判断气候类型的方法。

展示提纲，明确要求：请同学们接着看以下学习提纲（投影）。

（5）根据课本世界各种气候类型的降水量和气温月份分配图，比较同一温度带的气候类型在气温和降水两方面有哪些相同点和不同点？

（6）根据每一种气候类型的气温和降水组合状况，试用最简洁的语言描述其特征。

（7）根据全球气候分布模式图，并结合不同类型气候的降水状况，分析说明各种气候类型形成的主要原因是什么？

（8）怎样根据各月平均气温和降水量资料来判断气候类型？

学习要求：A组同学可尝试用列表对比的方法完成问题（5）（6）；B组同学主要完成问题（7）；C组同学通过以上全部内容的学习，完成问题（8）。在自学时，A、B两组同学可相互讨论，并随时向老师提问，C组同学要求独立完成。

教师启发，学生自学：请同学们看课本图2.27中亚热带的两种气候类型，即亚热带季风气候和地中海气候。首先根据气温曲线看看它们各自月平均最低气温都在多少度以上（0—5℃），而月平均最高气温都在多少度以上

（20℃）；在降水方面，亚热带季风气候的降水主要在什么季节（夏季），地中海气候的降水主要集中在什么季节（冬季）。因此，我们可以得出亚热带季风气候的特征是"夏季高温多雨，冬季温暖少雨"，而地中海气候的特征是"夏季炎热干燥，冬季温暖多雨"。在全球气候分布模式图可以看出，亚热带季风气候位于大陆东岸，受什么环流（季风环流）的影响显著，地中海气候位于大陆西岸，其环流条件是什么，夏季受什么气压带控制（副热带高气压带），冬季又受什么气压带控制（西风带）。下面就请同学们自己按刚才的方法，完成各自的要求。

学生自学：督促学生开始自学，老师重点对C组学生进行个别指导。

反馈交流，归纳小结：由A组同学分别回答问题（1），B组同学分别描述各气候特点及成因，C组同学回答问题（4）；教师归纳小结（投影）。

（承转）今天我们学习的最后一个问题是气候的变化，在自然环境漫长的演化过程中，由于太阳辐射的变化、下垫面条件的改变、大气环流的变化等自然原因的影响，地球上的气候也在不断地变化着。我们现在所了解的气候类型其实只是气候变化长河中的一个发展阶段而已。二十多亿年以来，地球气候的变化可以说冷暖干湿相互交替，变化周期也长短不一，根据不同时期的变化特征可分大致为地质时期、历史时期和19世纪末以来以下三个阶段。下面我们对气候的变化做简单归纳。

（板书：三、气候变化）

【课堂小结】

今天我们学习了影响气候的因子，世界主要气候类型及气候变化，掌握了根据气候类型图分析判断气候的一般方法，现在我们将本节课的主要内容小结如下。

【板书提纲】

2.6 气候的形成和变化

一、气候形成因子

1. 气候的概念：某一地区在多年内大气的平均状况或统计状态

2. 主要气候要素：气温、降水

3. 气候形成因子

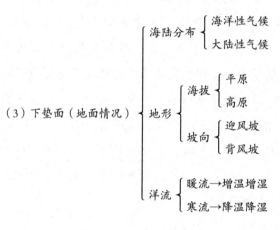

（1）太阳辐射
- ①纬度差异（空间差异）
  - 热带气候
  - 亚热带气候
  - 温带气候
  - 寒带气候
- ②季节差异（时间差异）→气候的季节交替

（2）大气环流
- 高气压带→空气下沉，少雨
- 低气压带→空气上升，多雨
- 海风→湿润
- 陆风→干燥

（3）下垫面（地面情况）
- 海陆分布
  - 海洋性气候
  - 大陆性气候
- 地形
  - 海拔
    - 平原
    - 高原
  - 坡向
    - 迎风坡
    - 背风坡
- 洋流
  - 暖流→增温增湿
  - 寒流→降温降湿

（4）人类活动
- 改变大气成分
  - 排放温室气体及凝结核
  - 排放氟氯烃，酸性气体
- 改变地面状况
  - 修建水库，引水灌溉
  - 滥伐森林，围湖造田

4. 个因子之间的相互关系

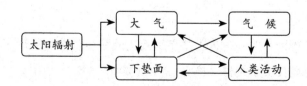

二、世界主要气候类型

1. 世界气候类型

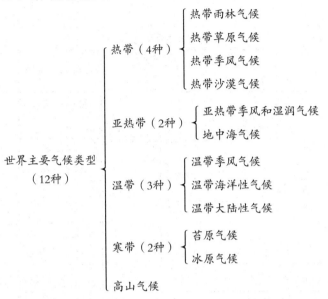

世界主要气候类型（12种）

热带（4种）
- 热带雨林气候
- 热带草原气候
- 热带季风气候
- 热带沙漠气候

亚热带（2种）
- 亚热带季风和湿润气候
- 地中海气候

温带（3种）
- 温带季风气候
- 温带海洋性气候
- 温带大陆性气候

寒带（2种）
- 苔原气候
- 冰原气候

高山气候

2. 同气候类型的气温特征：与所在地区温度带和下垫面性质有关

不同气候类型的气温特征

纬度特征
- 热带：全年高温
- 亚热带：夏季高温，冬季温和
- 温带：夏季温暖，冬季寒冷
- 寒带：终年寒冷

海陆特征
- 海洋性：气温年较差小
- 大陆性：气温年较差大

3. 不同气候类型的降水特征：与所在地区大气环流的性质有关

不同气候类型的降水特征

- 赤道地区→全年多雨（赤道低压带）
- 南北回归线至南北纬30°之间→全年少雨（副热带高气压带）
- 大陆西岸
  - 亚热带：夏季干燥，冬季多雨（副热带高气压带和西风带交替控制）
  - 温带：全年湿润，降水均匀（西风带）
- 大陆东岸
  - 夏季多雨
  - 冬季少雨
  （季风环流）
- 大陆内部→全年少雨（大陆气团）

两极地区→降水稀少（极地高压）

4.世界气候的分布规律：全球气候分布模式图

大洋东侧	大陆西部	大陆内部	大陆东部	大洋西侧	大气环流
90° 70° 暖流 60° 40° 温带海洋气候 地中海气候 30° 寒流 20°	冰原气候 苔原气候 亚寒带针叶林气候 温带大陆性气候 热带沙漠气候 热带草原气候		温带季风气候 亚热带季风气候 热带季风气候	90° 70° 寒流 50° 35° 暖流 25°	极地高气压带 极地东风带 ↓ ↓ 副极地低气压带 ↑ 西风带 ↑ 副热带高气压带 ↓ 信风带 ↓
10°	热带雨林气候				赤道低气压带

5.主要气候类型特点及成因

气候带	气候类型	分布规律	典型地区	气候成因	气候特点
热带	热带雨林气候	南北纬10°之间	刚果河流域、亚马孙河流域、印度尼西亚	赤道低压带控制，盛行上升气流	全年高温多雨
	热带草原气候	热带雨林气候南北两侧至回归线之间	非洲中部、南美中部、南北巴西、澳大利亚大陆北部和南部	赤道低压带和信风带交替控制	终年高温，分干、湿两季
	热带季风气候	10°N至北回归线之间的大陆东部	亚洲中南半岛、印度半岛	海陆热力差异和风带气压带的季节移动	全年高温，分旱、雨两季
	热带沙漠气候	南北回归线到南北纬30°之间的大陆内部或西岸	撒哈拉沙漠、阿拉伯半岛、澳大利亚中西部	副热带高压带或信风带控制	全年高温少雨

气候带	气候类型	分布规律	典型地区	气候成因	气候特点
亚热带	亚热带季风气候	南北纬25°—35°之间的大陆东岸	我国秦岭淮河以南地区	冬夏季风交替控制	夏季高温多雨，冬季温和少雨
亚热带	地中海气候	南北纬30°—40°的在陆西岸（除南极洲外各洲均有发布）	地中海沿岸	副热带高乐带和西风带交替控制	夏季炎热干燥，冬季温和多雨
温带	温带季风气候	北纬35°—55°的大陆东岸	我国华北和东北地区，日本和朝鲜半岛北部	冬夏季风交替控制	冬季寒冷干燥，夏季高温多雨
温带	温带大陆性气候	南北纬40°—60°的大陆内部	亚欧大陆和北美大陆的内陆地区	终年受大陆气团控制，受海洋影响小	冬季严寒，夏季高温，常年干旱少雨
温带	温带海洋性气候	南北纬40°—60°的大陆西岸	欧洲西部大西洋沿岸	全年受西风带控制	冬季温和，夏季凉爽，全年降水均匀
亚寒带	亚寒带针叶林气候	北纬50°至北极圈之间的大陆	亚欧大陆和北美大陆的北部	纬度高，且居内陆，全年受极地气团控制	冬季长而严寒，夏季短而凉爽
寒带	苔原气候	北半球极地附近的沿海	亚欧大陆和北美大陆的北冰洋沿岸	纬度高，受副极地低气压带控制	全年严寒，降水少
寒带	冰原气候	南北半球极地附近内陆	南极大陆、格陵兰岛	纬度最高，终年受极地高压控制	全年酷暑，降水少
高原和高山气候		青藏高原、南美洲安第斯山脉	青藏高原、南美洲安第斯山脉	地势高，地形起伏大	气候垂直变化明显，气温随高度增加而降低

（1）特点：气温和降水的组合特点

（2）成因：所处的纬度及环流条件

6.气候类型判断的方法

（1）以"温"定带

最冷月气温>15℃→热带气候

最冷月气温0℃—15℃

亚热带气候（最热月气温>20℃）
温带海洋性气候（最热月气温<20℃）

最冷月气温在0℃以下

温带季风气候
温带大陆性气候

最热月气温<10℃→寒带气候

（2）以"水"定型

热带气候

热带雨林气候（全年多雨）
热带草原气候 干、湿年降水量<1500mm
热带季风气候 两季年降水量>1500mm
热带沙漠气候（全年干燥）

亚热带气候

亚热带季风气候（夏季多雨）
地中海气候（冬季多雨）

温带气候

温带季风气候（夏季多雨）
温带海洋性气候（全年温润）
温带大陆性气候（全年温润）

三、气候变化

1.变化特征

地质时期：冰期、间冰期
历史时期：寒、暖交替
19世纪以来：波动上升

2.变化原因：气候因子的变化

四、课堂练习

1.气候的形成是多种因素综合作用的结果，主要包括：_____。

2.比较以下气候类型的分布规律、特点和成因

气候类型	分布规律	主要特点	形成原因
热带季风气候			
热带草原气候			
亚热带季风气候			
地中海气候			
温带海洋性气候			

3. 根据气温月份分配和降水柱状图，完成下列要求。

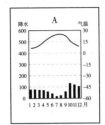 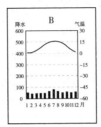 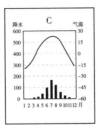 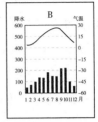

（1）从成因来看，以上气候类型中终年受单一气压带控制的是_____；由海陆热力差异形成的是_____。

（2）从空间分布来看，以上气候类型中在亚洲有广泛分布，而欧洲缺失的是_____；只分布在北半球大陆东岸的是_____；在全球分布最广泛的是_____。

4. 根据世界气候分布图，分析说明以下各地气候类型的成因。

（1）马达加斯加岛东岸、澳大利亚东北部沿海、巴西高原东南沿海、中美洲东岸的热带雨林气候。

（2）东非高原位于赤道附近的热带草原气候。

（3）南美洲西海岸呈狭长分布的热带沙漠气候。

（4）南美大陆南端西岸的温带海洋性气候和东岸的温带大陆性气候。

要求：A组同学完成1、2题；B组同学完成3题；C组同学讨论并完成4题。

六、对中学地理分层次教学实践的反思

（一）地理分层次教学激发了学生的自信心

高二阶段选修文科的学生不外乎有两种：一是对文学或历史等学科学习比较感兴趣的学生，这部分学生所占比例相对较小；二是数学、物理、化学的基础相对较为薄弱，学习有困难的学生，这部分学生一般占较大比例，加之高考录取时文科学生可选择的专业有限，录取人数相对较少，因此，对自己的未来缺乏信心，学习劲头不足是大多数文科学生存在的主要心理障碍。对于很多普通中学来说，教师辛苦两年，到头来几乎"颗粒无收"已不足为奇。这不仅对教师的工作积极性有很大的影响，也给学校教育教学工作安排带来了一定困难。本人自2001年高考恢复考查地理学科开始，分别担任

了2002、2003、2006、2007共四届文科班班主任和地理学科教学工作，其间坚持以分层次教学为突破口，力图改变文科教学长期徘徊不前的局面。通过几年来的探索和实践，取得了较为明显的成效。主要表现在：学生普遍树立了学好地理的自信心，提高了地理学习的兴趣，增强了对教学活动的参与意识，学生不仅掌握了较为扎实的地理基础知识，而且提高了分析问题、解决问题的能力。地理成绩在联考学校（本片区八所市级示范校参加）中排名一直位居前列。2006年在全市组织的高三毕业班诊断考试中，我校文科班地理平均64.78分，高出市平均分9.97分，在100所学校中排名第8，总分排名第15，超过了部分省级示范性学校。地理教学终于突破了文科学生学习的瓶颈，为文科综合在高考中取得优异成绩奠定了坚实的基础。我校高考文综平均分由2002年的172.30分增长到2007年的180.75分，在文科学生人数成倍增长的同时，文综平均分一直保持在高出兰州市平均分5—10分左右（2002年偏差为+4.94，2006年偏差为+10.25），文科生本、专科上线率由2002年的40%提高到2006年的53%，本科录取人数在2006年与理科基本持平的基础上，2007年首次超过了理科录取人数。其中，有一名学生中考总分为425分，在2007年高考中总分达到了518分。随着文科学生学习成绩的提高和自信心的增强，学生的特长发展也有了明显提升，学校的各项活动成了文科班学生展示才华的舞台。这些变化不仅改变着学校领导及老师对文科学生的看法，也大大增强了文科教学对学生的吸引力。2002年，我校文科只有一个班28名学生，到2007年发展到两个班97名学生。更为值得一提的是，分层次教学在大幅度提高学生学习成绩的同时，为优秀生的脱颖而出创造了有利条件。由于我们对优秀生的高标准、严要求和强调培养自学能力、带动整体进步的教育思想，使他们对学习有了更为强烈的责任感和使命感，对自己有了更高的期望，在日常学习中变得更加自觉和主动，真正成为促进和带动教学的骨干力量。在教学中，他们不仅自己能够按要求及时掌握学习内容，还能积极协助老师对学习困难学生进行一对一辅导帮助。通过这种学习上的长期互动和交流，不仅培养和训练了差生思维上的不足，而且使优秀生的思维更完善、更缜密，对知识的理解和掌握更加牢固，保证了学习成绩的稳步提高。

（二）地理分层次教学促进了教师观念的转变

分层教学是在全面实施素质教育和推进新课改的大背景下，以面向全体学生、承认和尊重学生个别差异为前提，以因材施教为原则，以现代教育学、心理学的最新理论为指导，以促进学生全面发展为目标的一种具有鲜明时代特征的教学模式，是对传统教学模式的改进和完善。实施分层次教学，使教学由"教师本位"和"学科本位"真正转向"学生本位"，促进了教师教学观念的转变。

1. 更加突出学生的主体地位

学生在学习中的主体地位是不可替代的，没有学生的主动参与，不注重发挥学生的主动性，教学就不可能达到预期的目标。以学生为本，促进学生全面发展是素质教育的核心，也是分层教学所遵循的基本原则。分层次教学就是要充分尊重学生的差异，并根据不同学生的学习水平、学习习惯、个性特长安排教学活动，运用灵活多样的教学方法，使每个学生都成为自觉学习的主人，变"要我学"为"我要学"，变"教师教，学生学"为"教师教学生学"。这与新课程所强调的"教师作为指导者，要充分调动学生的主观能动性，真正做到'教'服务于'学'，通过与学生合作，依靠学生自主动手活动、实践、合作与交流去实现教学任务"一脉相承。为了实现这一要求，教师在教学中必须尽可能地让学生参与课前准备，如收集有关资料，选择教学内容，设计学习方法等。在组织课堂教学时，教师也能更多地从学生的角度去考虑教学方案，整合教材，选择教法，以便对症下药，有的放矢。"学会容易会学难"，会学的关键在于会想，教会学生会学习、会思考，教师就要会教方法，会设计问题，会提供思路。因此，教师在教学中倍加珍视学生的创造性，并自觉纠正以往只把学生看作是"被动接受知识的容器"的错误做法，走近学生，走进学生，加强与学生的交流和互动。

2. 更加注重因材施教与个性发展

地理新教材与传统教材相比，其突出特点之一就是通过创设学习情境，并以活动带动知识学习和技能培养，把地理知识的学习和地理技能的培养有机地结合在一起。创设情境，诱发动机，让学生动起来，在活动中运用不同的策略，激发学生的兴趣，发现和培养学生特长，重视个性发展是新课改的基本特征，也是分层教学的基本要求。由于地理知识的多样性与联系的广泛性，学生对生活中的地理现象是容易联系和回忆的，地理教师只有了解学生的生活背景、知识水平和个性特征，通过有目的、有针对性地启发引导，才能帮助学生在原有知识基础之上主动建构新的知识。因此，教师不论在设计教学情境、组织学生活动，还是进行课堂提问、课堂练习等环节，都应充分考虑学生的个别差异，因材施教，发挥各自优势，让每个学生都有可能发现和解释一些地理问题，展现自己能力和特长，激发和调动学生地理学习的积极性。

3. 更加重视学生思维能力的培养

知识向能力的转化，思维是桥梁。培养学生思维能力成为教师教学设计的核心理念。学生的形象思维，对感性知识的了解、理性知识的建构和空间概念的建立、空间思维的发展具有重要作用，是地理学习最为重要的能力之一。分解、组合、类比、联想、想象是形象思维的重要方法；抽象思维则对地理概念、原理、规律、联系及地理事物发展变化、相互作用的理解具有重要作用，判断、推理、归纳、概括、分析、综合、归类、对比等是培养抽象思维的主要方法。运用地图、图像教学是培养思维能力的重要手段，这也正是地理教学的最大优势所在。在教学中，为了帮助学生理解地理事物的概念、特征及内在联系，掌握其发展变化规律，树立科学的地理观念，必须巧妙地利用地图和各种图表对地理知识进行图表化处理和表达，如景观图、示意图、统计图、模式图、知识结构图、关系图，使地理知识变得更加形象生动，以加深学生的理解。理论联系实际，运用地理原理分析和解决地理现实问题，是培养学生思维能力的重要途径之一。如，全球气候变暖、沙尘暴、南水北调、民工潮、三峡工程建设、振兴东北老工业基地等现实问题中蕴含着丰富的地理原理，通过对这些问题的分析和讲解，不仅能够激发学生的学习兴趣，也有助于学生思维能力的培养。

4. 更加重视对学生学习方法的指导

《基础教育课程改革纲要（试行）》提出：要倡导学生主动参与、探究发现、交流合作的学习方式，注重学生的经验与学习兴趣，改变课程实施过程中过分依赖教材、死记硬背、机械训练的现状。分层次教学就是要改变传统教学以教师为中心，不善于调动学生的积极性、主动性，常以灌输课本内容为主，重知识轻能力，重传授轻思考，重结论轻过程，重积累轻运用，重教书轻育人的思想和做法。在教学中，教师尽可能地把教学内容以问题形式间接呈现出来，鼓励学生联系生活实际，自主发现、自主探究、合作研讨、自我评价，使学习过程更多地成为学生发现问题、提出问题、分析问题、解决问题的过程。并能针对不同的学习内容，选择不同的学习方式，使学生的学习变得丰富而有个性。教师备课不仅要备课标、备教材，做到对知识的合理分层，更要备学生、备教法和学法，对不同学生采用不同教法和学法，使学习好的学生学得快、学得深，学习差的学生有兴趣、有信心。

5. 更加重视对学生非智力因素的培养

在教学中重视学生非智力因素的培养是教育取得成功的关键。学生非智力因素包括动机、兴趣、情感、意志、性格等，是认识活动的推动者和调节者，在认识活动中的作用属动力系统，决定活动的效率和方式。学生非智力因素的形成与教师的教学安排、教学艺术、开朗的性格、广泛的兴趣、健康的情感、乐观的态度等有直接关系。这就要求教师不仅在教学活动中深钻教材，精心设计每一个环节，准确把握课堂教学节奏，灵活运用教学方法，并通过形象具体、生动活泼、富有情趣、富有感染力、吸引力的语言，激起学生学习兴趣，调控学生注意力，使教学内容易于接受和理解。同时，注重培养学生的自信心和顽强的意志品质。地理成绩好的学生，往往对地理学习充满自信，而地理成绩较差的学生，大多由于地理基础知识薄弱，对新知识不能及时消化，学习障碍积重难返，以致对学习失去信心。因此，地理教师应特别注意培养差生的自信心，提高中等学生的自信水平。面对不愿学地理或对地理学习有偏见的学生，首先教师不能失去信心，要善于发挥情感的积极作用，真诚地关心爱护学生，及时给予学习上的指导和帮助，更应以自己的朝气、热情，以及对教育事业的执着、对地理学科的热爱，唤起他们对学习、对知识、对地理学科的热爱。墨子曰："志不强者智不达。"坚强的意志、顽强的毅力，可以弥补智力上的不足，更是排除障碍、克服困难，最终获得成功的重要条件和保证。所以，在教学中注重培养和锻炼学生学好地理的坚强意志，是地理教师必须坚持的策略。

（三）地理分层次教学亟待教师素质全面提高

教师是教学活动的组织者和实施者，也是课程资源的开发者。因此，教师素质的高低直接影响着教学改革的成败。与当前各种分层次教学实践如火如荼的形势相比，地理分层次教学则显得举步维艰。就全国来看，只有山东、江苏、浙江等地的个别学校在地理学科开展了分层教学的实践研究。据对甘肃省内部分市（州）重点中学地理教师的问卷调查结果，采样范围内目前几乎没有学校在地理教学中实施分层次教学的实践。究其原因，除了学校对地理学科重视程度不够、教师普遍承担的教学班级过多、教学任务繁重等客观原因外，与地理教师自身专业素质不尽如人意有很大关系。兰州教育学院刘国军教授在《中学地理教师继续教育研究》一书中，指出他认为目前中学地理教师的现状主要存在以下问题。

第一，地理专业知识老化或不够扎实，缺乏及时进修和培训，知识更新滞后于教材的发展，知识结构不合理、水准较低的缺陷愈显突出，急需补充相关知识。

第二，地理教学技能存在明显缺陷。调查结果显示，在地理教学中，基本具有能够使用生动、富有感染力的语言描述，灵活应用板图、板画、地图册及教学挂图，组织学生参加地理课外活动、乡土地理调查、野外实习等教学技能的地理教师，仅占被调查人数的五分之一左右。这直接影响了学生地理学习的兴趣和课堂教学效果，也不能很好地对学生进行读图能力的培养。

第三，教育科学理论知识和观念陈旧，部分教师教学基本技能功底不深。不少老师对现代教育理论知之甚少，更难以在教学中灵活应用，很少用现代教育学和心理学的理论来分析和研究教材，了解和研究学生，教法死板，观念落后。还有一些老师难以运用准确、清晰、熟练、通俗的语言表述教学内容，也难以因材施教和有效组织课堂活动。

第四，运用现代化教学手段的能力较差，频率偏低。大多数教师在教学中不会或者不能熟练使用现代教学媒体辅助教学，教学中"一本教材一张图，一根粉笔一张嘴"的现象还普遍存在。

第五，教研教改意识与能力薄弱。调查显示，地理教师受传统教育模式的影响，大多属于"经验型"和"教书匠型"，认为没有时间也没有必要去开展教改教研，或虽感到教研教改的重要，但有苦于无从下手，心有余而力不足。

第六，综合素质差强人意，难以承担地理教育中对学生渗透德育的任务。主要表现为，一些教师知识面狭窄，知识结构单一，综合素质较差，在教学中不会用生动具体的案例进行教育，缺乏丰富的地理事实材料和严密的逻辑推理，说教生硬，不能以理服人。地理教学脱离学生的生活实际和乡土地理实际。

第七，还有一部分地理教师专业思想不牢固，缺乏积极的进取精神，不愿学习或不积极参加校本培训，得过且过的思想较为严重，影响了地理教师的整体形象，造成学校对地理课教学重视不够。

可见，以上问题的普遍存在不仅严重影响了地理教学的育人功能和在学生素质教育中的地位，也影响着地理教学的改革和发展，是当前分层次教学难以开展实践和研究的桎梏。因此，加强对地理教师的培训，提高地理教师素质是实施分层次教学的关键。根据分层次教学要求和当今地理教育的特点及新课程改革对地理教师的挑战，应着重提高地理教师以下四个方面的素质。

（1）职业道德素质。地理教师除了需要热爱教育业，具有敬业爱岗精神外，还要树立牢固的专业思想，热爱地理学科，热爱地理教学，形成新时代的"地理教师意识"；不断树立正确的教学观、质量观、课程观、学生观和人才观，增强实施素质教育的自觉性；提高自身的师德修养，尊重学生人格，关心和爱护学生，平等地对待每一个学生，尤其对学习上有一定困难的学生，要真诚地帮助他们克服学习上的畏难情绪和自卑心理，树立学习的信心，养成良好的学习习惯，因材施教；要有成就每一位学生的理想，以饱满的热情、充沛的精力投身于地理教育事业。

（2）专业文化素质。随着社会发展和科学技术的进步，地理教学的内容将永远处于一个相对快速的动态变化之中。近年来，初、高中地理教学内容从以人地关系为主线的教材改革，到学生智力开发、技能训练、创新意识培养等教育目标的变化，都迈出了较大的步伐。这就要求地理教师要不断加强自身的专业学习，提高业务能力，不仅要形成宽厚、扎实、系统的地理专业基础理论以及基本知识和技能，熟悉和了解地理科学的新趋势、新发展、新发现，具有独立获取地理信息、整合和分析地理信息、收藏和积累地理信息的能力，掌握最新的学科动态，还要积极学习和灵活运用现代教育学、心理学的最新研究成果，掌握现代教育技术，并懂得一些哲学、人文科学、自然科学、管理科学等方面的知识，扩大视野，不断更新自己的知识结构，充实和完善自己的知识储备。教师有了渊博的知识，讲课才能高屋建瓴，游刃有余，才能使枯燥、乏味的地理概念和地理原理变得生动鲜活、通俗易懂，更加贴近学生的生活实际。教学实践表明，教师的知识面越广，讲课的思路就越开阔，教学语言就越生动精炼，对学生的启发引导就越自如到位，学生听课的积极性就越高，印象越深刻。

（3）教学技能素质。教师的教学技能是传授知识、培养能力的桥梁，是衡量一个教师胜任专业技术职务的重要标准，也是分层教学实践与研究得以顺利实施的保证。地理教师的教学技能主要包括：分析和组织地理教材的能力，即分析地理教材的整体结构和编者意图，准确区分地理教学课题的知识构成与层次，深刻分析地理教材的知识结构、智力价值与思想教育价值，把握教材的重点、难点，能够根据学生的知识水平、教材内容特点，灵活地处理教材，注意弥合学习内容与学生认知水平之间的差距，能够对教材做必要的补充修正；设计和调控地理教学过程的能力，即根据地理教学目标、教学内容和学生的实际学习水平设计导入、提问、新课教学、板书、学生活动、小结、课堂练习等教学环节，创设积极的地理课堂气氛，调控地理教学过程的节奏，采用恰当的课堂管理手段，使地理教学富有效率和秩序；合理采用各种教学手段，尤其是运用现代化教学媒体的能力，即能够根据教学需要制作多媒体教学课件，创设地理教学情境，指导学生运用信息技术搜集地理信息，开展地理研究性学习；具有丰富、形象、生动、准确的语言表达能力和扎实的板书、板图、板画等基本功，以及一定的演示、实验、野外考察、社会调查的实践能力。新的课程标准强调"学生通过实践增强探究和创新能力，引导学生质疑、调查、探究，在实践中主动地、富有个性地学习，创设能引导学生主动参与的教学环境，激发学生的学习积极性"，使教学由原来的"学科为本""教师为本""传授知识为本"向"学生为本""能力培养为本"转变。

（4）教学研究素质。教学研究素质是面向新课程的现代地理教师必须具备的基本素质。教学科研能使教师提高自己的教学理论水平，能从较高层次上认识和把握地理教学工作，促进地理教师教学能力的提高，改变陈旧的教学观念，形成科学的教学观，使教学方法更加科学有效。新课程要求中学地理教师逐渐由"经验型"的"教书匠"转变为"研究型"的"教育家"；教师不应只是教材的忠实执行者和别人科研成果的消费者，更应该是自己课程的建构者和教学实践的研究者；不仅要及时学习借鉴他人的教学经验和教学思想来补充和完善自己的教学实践，更要善于结合教育理论总结和反思自己的教学经验和体会；不仅具有组织教育教学的能力，更要具备地理教学研究能力和撰写地理教学研究论文、经验总结文章以及编写乡土地理教材的能力。能够在教学中发现和提出教研课题，懂得教学课题研究的原则和方法，掌握地理教学研究成果的表达和呈现方式，针对不同课型建立相应教学模式，承担科研课题并科学地进行实验等。每一个教师在自己的教学实践过程中都不同程度地积累了一定的经验和好的教学案例，对教学也有自己独到的体会，这些经验、案例和体会是教师劳动智慧的结晶，如果能够及时加以总结，并使之上升为理论，不仅能够成为很好的教研成果，而且会对教师的教研能力有很大的提升。有名气、有成就的教师并不一定有很高的学历，或者高深的学问，但是他们能够把自己平时看到的、想到的、学到的及时运用于自己的教学实践中，并加以总结使之理论化、系统化。可见，教学科研并非高深莫测，和我们普通教师相距甚远，其实就在我们身边，在我们日常的教学实践中。只要我们勤于学习，善于观察和思考，勇于实践，勤于总结，就能够胜任教学科研工作。

（四）结束语

分层次教学作为一种教育思想，已被越来越多的教育工作者所接受，但作为一种教学模式不论在理论上还是实践上都还存在很多不完善的地方，尤其是理论研究上的相对滞后，使得在实践过程中存在很多困惑和矛盾，至今还没有一种被公认的好的模式。比如，究竟应按什么标准对学生进行合理分层，分层后如何组织教学活动，是以年级为分层教学单位为好或是以班级为分层教学单位为好，学校或教师个体的分层教学如何和地区教育行政部门或学校统一的教学评价方式相对接等等。这些问题因目前还没有形成令人比较信服的理论依据和操作规范，使得大家在具体实施过程中普遍感到困难重重、力不从心，仍有待于进一步探索和研究。即便是本文所提到的一些教学模式，在具体的实践过程中仍然有许多争议。争议的焦点主要集中在：一个地理教师同时可能任教很多教学班，教学任务已相当繁重，那么再实施分层教学无疑给老师又增加了新的负担，这与新课改的理念和构建和谐社会的精神相矛盾，教学改革的最终目的是解放老师，而不是让老师苦于奔命；另外，在同一个班内，且班额普遍较大的前提下，要在有限的教学时间要针对

A、B、C三个层次的学生组织教学，势必会给老师组织教学带来更大的困难，这样会不会影响教学的进度和效果；分层教学到底是应该偏重于"补差"还是偏重于"培优"；高中教学的主要任务是为高一级学校选拔人才打基础，如果我们把更多的精力放在照顾差生上，会不会影响拔尖创新人才的培养等等。诸如此类的问题，不论是老师认知方面的，还是老师教学设计和组织实施能力方面的，其实都与老师对分层教学先入为主的认知判断有关。只要学校能够积极为教师开展教学实践研究创造更多便利条件，比如为教师提供更多的学习进修、研讨交流的机会，鼓励教师通过系统学习不断提升自己的专业素质，在教学中勇于探索，敢于实践，这些问题都会得到很好的解决。因此，本人坚信，中学地理分层次教学虽然目前还困难重重，但一定会有"柳暗花明"的一天。可喜的是，随着高中新课程的不断推行，广大地理教师已意识到中学地理教学将迎来一次难得的发展机遇，也为地理教师施展才华提供了极好的舞台，在地理教学中实施分层次教学已成为一种必然的趋势。但愿本文能够为广大地理同仁起到抛砖引玉的作用。

参考文献：

[1]张大均.教育心理学[M].北京：人民教育出版社，2004.

[2]杨小微.教育研究方法[M].北京：人民教育出版社，2005.

[3]李刊文.普通教育学[M].兰州：甘肃教育出版社，1997.

[4]刘国军.中学地理教师继续教育研究[M].兰州：甘肃教育出版社，2005.

[5]王天一，等.外国教育史[M].北京：北京师范大学出版社，1993.

[6]在职攻读教育硕士专业学位全国统一（联合）考试大纲及指南（教育学心理学）[M].北京：北京师范大学出版社，2003.

[7]陈尔寿.高中地理教学大纲及教材分析[M].长春：东北师范大学出版社，1999.

[8]夏志芳.地理课程与教学论[M].杭州：浙江教育出版社，2003.

[9]陈澄.地理教学论[M].上海：上海教育出版社，1999.

[10]陈澄.地理学习论与学习指导[M].上海：上海教育出版社，2001.

［11］衷腋成.地理学科课堂教学模式的研究与实践［M］.上海：上海教育出版社，2000.

［12］涂德.中学地理创新教法［M］.北京：学苑出版社，1999.

［13］宋秋前.关于分层递进教学的教学论思考［J］.中国教育学刊，2000（3）：47-49.

［14］和学新.试论尊重学生差异的教学策略［J］.学科教育，2000（12）：8-10，27.

［15］毛景焕.谈针对学生个体差异的班内分组分层教学的优化策略［J］.教育理论与实践，2000（9）：40-45.

［16］陈学军.分层教学综合探索［J］.课程教育研究，2015（30）：186.

［17］陶小青.一种着眼学生发展的教学新策略关于上海初中试行"分层递进教学"的调查［J］.上海教育，2003（19）：19-22.

［18］王旭明.分层教学模式的实验研究［J］.学科教育，2002（2）：10-14.

［19］上官子木.教学管理的出发点：个体差异与能力倾向多样化［J］.教育科学研究，2004（2）：21-24.

［20］尹志梅.美国"分层课程"教学模式述评［J］.外国教育研究，2005（7）：34-36.

［21］徐维德，韩海燕.新课程背景下的教学组织形式探索［J］.当代教育科学，2004（6）：30-33.

［22］杨东平.和谐社会的教育发展观与价值观［J］.人民教育，2007（8）：2-5.

［23］俞晖.谈地理分层次教学法［J］.亚热带资源与环境学报，2000，15（2）：60-62.

［24］黎亚平.中学地理"分层教学"的研究与实践［J］.地理教育，2002（1）：8-9.

［25］中学地理学科能力层次问题探讨［J］.山东教育科研，1999（Z1）：54-55，57.

［26］杨剑.中学地理分层教学的探索与思考［J］.徐州教育学院学报，2002（3）：168-170.

［27］朱兆义. 地理教学中的分层递进教学策略［J］. 南宁师范高等专科学校学报，2002（4）：65-68.

（注：本文完成于2007年9月，系本人在职期间攻读教育硕士时的学位论文，指导老师为西北师范大学地理与环境科学学院博士生导师张勃教授。本文获当年西北师范大学地理与环境科学学院教育硕士优秀学位论文）

核心素养背景下的2017年高考文综II卷地理试题评析

2016年，中国教育改革的关键词是"学生核心素养"，无论是高端的教育论坛，还是中国教育学会各专业委员会的年会，发展学生核心素养都成为唯一主题。在即将推行的高中新一轮课程改革中，学科核心素养既是教学的目标，也作为学生学业质量检测的依据和考试评价的标准。在此背景下，作为中国基础教育改革"风向标"和重要"引擎"的高考命题自然不会置身事外。那么，2017年高考试题究竟如何将"核心素养"理念融入试题之中，对今后深化高中课堂教学改革带来怎样的启示，笔者想通过对2017年高考文综II卷地理试题的评析，与广大地理同仁共享高考"稳中求变，素养立意"的命题导向所带来的新变化。

一、2017年高考全国新课标文综II卷地理试题特点

（一）力求稳中求变

2017年高考文综II地理试题题型和组卷方式依然沿用之前选择题和非选择题两大题型，其中选择题共四组11小题，分值依然为44分。其中三组为"一拖三"，一组为"一拖二"。有三组以图文并茂的方式提供背景材料，一组仅以文字形式提供背景材料。非选择题4题，其中必答题2道，分别为4问共24分和3问共22分，选答题按考纲要求改为二选一，删减了1道专门针对"自然灾害"部分的试题，分值仍为10分。无论从命题形式、组卷方式，还是命题思路，都体现了高考命题严格遵循考试大纲所强调的"注重学习能力、体现学科特色、促进教学改革、保持相对稳定"的精神和理念。

（二）突出核心素养

仔细咀嚼2017年高考文综II地理卷每道试题，给人强烈的感受是："素养立意"的考查意图日趋明朗。地理核心素养包括"区域认知、综合思维、地理实践力、人地协调观"等四大方面。从试题命题思路可以看出，每道试题都紧紧围绕"人地关系"这一核心，综合考查学生区域认知、综合思维和地理实践力、人地协调观等多个核心素养的形成状况和水平。同时，将《考试大纲》规定的"获取和解读地理信息、调动和运用地理概念、描述和阐释地理事物、论证和探讨地理问题"等"目标和要求"与学科核心素养完美融合，相辅相成，浑然一体。

（三）彰显学科特点

地理学是一门应用性很强的学科，与人类的生产、生活活动密切相关，几乎每一种行为，如国土整治、产品开发、旅游、货物与信息流通等，都离不开地理基础知识和基本技能。因此，掌握对终身发展有用、对生活有用的地理基本知识和基本技能，发展地理思维能力，形成可持续发展观念是地理课程的基本理念和功能。2017年高考文综II地理试题特别关注人们生产生活与地理密切相关的领域，如交通建设、企业的区位选择、干旱区土地和水资源利用、产业转型与环境保护、地理考察、防治水土流失、文化旅游等，通过从地理学的视角审视现实生活、生产中的现象和问题，不仅测试学生对地理知识的理解、整合、迁移、表达能力，还很好地体现了地理学的学科特点与应用价值，有利于开阔学生的视野，进一步提高学生的科学精神和人文素养。

二、2017年高考全国新课标文综II卷地理选择题评析

19世纪50年代，淮河自洪泽湖向南经长江入海；黄河结束夺淮历史，改从山东入海。1968年，南京长江大桥建成通车；自1999年，江苏境内又陆续建成了多座长江大桥。江苏习惯上以长江为界分为苏南和苏北两部分。据此完成1~3题。

1. 目前，在洪泽湖以东地区，秦岭—淮河线（　　　　）

A. 无划分指标依据　　　　　　B. 与自然河道一致

C. 无对应的自然标志　　　　　D. 两侧地理差异显著

解析：该题的能力要求包括：①从题目的文字表述中获取地理信息，并对提取的地理信息进行整合；如"19世纪50年代，淮河自洪泽湖向南经长江入海""目前，在洪泽湖以东地区"。②区域认知能力，如江苏省区域划分及河流水系分布。③调动和运用地理概念、地理事物特征，如区域的概念，秦岭—淮河线的地理意义。④运用综合思维论证和探讨地理问题的能力，如"秦岭—淮河线两侧地理差异"。

解题思路：由材料"19世纪50年代，淮河自洪泽湖向南经长江入海"可以得出，洪泽湖以东地区已无淮河流经，而且此信息在图1中得到证实。因此，根据题干"目前，在洪泽湖以东地区"的限定，秦岭—淮河线自然不可能与"自然河道一致"。此外，"秦岭—淮河线"之所以作为我国重要的地理分界线，是因为其作为显性的地理事物正好与我国湿润区和半湿润区、暖温带和亚热带等自然区域的划分指标体系在地图上的延伸方向相吻合，因此具有了地理分界线的意义。但在平原地区，不论是温度带，还是干湿区的边界都具有明显的过渡性质，边界两侧不可能形成显著的差异。因此，C正确。

2. 习惯上苏南、苏北的划分突出体现了长江对两岸地区（　　　）

A. 自然地理分异的影响　　　　B. 人文地理分异的影响

C. 互相联系的促进作用　　　　D. 相互联系的阻隔作用

解析：该题的能力要求包括：①能够从题目的文字表述中获取地理信息，并进行区域比较，如"江苏习惯上以长江为界分为苏南和苏北两部分"。②调动和运用地理知识，如河流的地理意义，区域划分的方法。③综合思维能力，如从自然和人文两方面综合分析"长江对两岸产生的作用和影响"。

解题思路：由材料"江苏习惯上以长江为界分为苏南和苏北两部分"，说明苏南、苏北这种划分只是人们的一种习惯称谓而已，并无地理学（自然地理、人文地理）依据。结合题干中"这种划分突出体现了长江对两岸地区产生的影响"这一限定，综合分析长江两岸自然地理和人文地理特征，可得出这种划分突出体现了长江对两岸的阻隔作用。

3. 进入21世纪，促使苏南、苏北经济合作更加广泛的主导因素是（　　　）

A. 市场　　　　B. 技术　　　　C. 资金　　　　D. 交通

解析：该题的能力要求包括：①完整提取和准确解读文字信息的能力，

如"1968年，南京长江大桥建成通车""自1999年，江苏境内又陆续建成了多座长江大桥"。②调动和运用地理知识，如"加强区域联系的主要因素"。③论证和探讨地理问题，并体现综合分析，如"进入21世纪，促使苏南、苏北经济合作更加广泛的因素及主导因素"。

解题思路：由材料"1968年，南京长江大桥建成通车""自1999年，江苏境内又陆续建成了多座长江大桥"可知，进入21世纪，苏南、苏北两地的交通的联系日趋便利，必然会促进两岸人口交往和经济合作。虽然两岸市场、资金、技术的差异性和互补性也是目前促进区域经济合作的重要因素，但交通运输显然发挥了主导作用。

汽车轮胎性能测试需在不同路面上进行。芬兰伊瓦洛吸引了多家轮胎企业在此建设轮胎测试场，最佳测试期为每年11月至次年4月。芬兰伊瓦洛地理位置（图略）。据此完成4~5题。

4. 推测该地轮胎测试场供轮胎测试的路面是（　　　）

A. 冰雪路面　　　B. 湿滑路面　　　C. 松软路面　　　D. 干燥路面

解析：该题的能力要求包括：①能够从题目的文字表述中准确完整地获取地理信息，如"汽车轮胎性能测试需在不同路面上进行""最佳测试期为每年11月至次年4月"。②借助地图进行区域认知的能力，如根据经纬网图分析当地地处高纬度，气候寒冷，冻土广布的自然地理特征。③调动和运用地理知识，如北半球冬半年，高纬度地区昼短夜长、有极夜现象，加之该地邻近北冰洋和波罗的海，冬季受极地冷空气频频南下影响，气候严寒，冰雪广布。④综合思维能力，如通过对该地"最佳测试期内"气温、降水、水文、土壤等自然地理要素综合分析，可得出该轮胎测试场最有可能的是冰雪路面。

5. 在最佳测试期内，该地轮胎测试场（　　　）

A. 每天太阳从东南方升起

B. 有些日子只能夜间进行测试

C. 经常遭受东方寒潮侵袭

D. 白昼时长最大差值小于12时

解析：该题的能力要求为①调动和运用地理原理、地理规律进行逻辑推理的能力，如高纬度地区冬半年，昼夜长短、日出和日落方位气候特征。

②运用地理原理论证和探讨地理问题的能力，如极夜期间，因终日不见太阳，因此，就不可能有每天太阳从东南升起的现象，这时候轮胎测试只能在夜间进行。此外，测试期内白昼最长为4月，此时，北半球昼长应大于12小时，高纬度地区应更长，最短时为0小时。因此，白昼时长最大差值应大于12小时。

热带沙漠中的尼罗河泛滥区孕育了古埃及农耕文明。尼罗河在每年6～10月泛滥，从上游带来的类似肥沃土壤的沉积物，与上游来水和周边区域的植物资源，都对农耕文明的形成意义重大。据此完成6～8题。

6. 热带地区原始的耕种方式多为刀耕火种。古埃及人在刀耕火种方式出现之前，能够在沉积物上直接耕种，是因为尼罗河泛滥区（　　　）

A. 用水便利　　　　　　　　B. 土壤肥沃

C. 地势平坦　　　　　　　　D. 植被缺失

解析：该题的能力要求包括：①从题目和题干的文字表述中获取并准确解读地理信息的能力，如材料中"热带沙漠""尼罗河泛滥区""农耕文明"，题干中"原始的刀耕火种""在沉积物上直接种植"等重要信息。②调动和运用地理知识的能力，如热带沙漠气候的特征，刀耕火种的生产方式等。③区域认知能力，如结合埃及地理位置归纳其热带沙漠气候条件下的地理环境整体性特征。

解题思路：根据"热带沙漠""尼罗河泛滥区""刀耕火种方式出现之前""在沉积物上直接种植"等关键信息，得出尼罗河流域气候干燥，降水稀少，蒸发强烈，沙漠广布，植被稀疏，土层深厚，土壤肥沃，用水便利。这些因素中与"在刀耕火种方式出现之前"就能"直接耕种"，即"无须砍伐、烧荒即可耕种"这一生产特征有直接关联的应是"植被缺失"。

7. 尼罗河下游泛滥区沉积物主要来源地的降水特点为（　　　）

A. 降水季节性强，年降水量大

B. 降水季节性强，年降水量小

C. 降水季节分配均匀，年降水量大

D. 降水季节分配均匀，年降水量小

解析：该题的能力要求包括：①准确获取和解读地理信息，如材料中"尼罗河在每年6～10月泛滥""从上游带来的类似肥沃土壤的沉积物""上游来水"及题干中"沉积物主要来源地""降水特点"等。②区域认知能力，即结合以上信息，对尼罗河流上游地理环境形成正确的认知。

解题思路：尼罗河的水量和泥沙主要来自上游，上游主要流经低纬度地区，以雨水补给为主，且降水的季节变化大，结合尼罗河位于非洲，可依据世界气候形成和分布的一般规律得出应为热带草原气候，因此，降水特点应为"降水季节性强，年降水量大"。

8. 古埃及人从周边区域引入植物用于种植，引入植物的生长期必须与尼罗河泛滥区的耕种期一致。由此判断这些植物最可能来自（　　　）

A. 热带雨林气候区　　　　　　B. 地中海气候区

C. 热带草原气候区　　　　　　D. 热带季风气候区

解析：该题的能力要求包括：①获取和解读地理信息，如材料和题干中的"周边区域""引入植物""植物的生长期必须与泛滥区的耕种期一致"等。②区域认知能力，即对埃及及周边区域进行准确定位，在概括区域特征和比较区域差异的基础上，认识区域之间的联系。

解题思路：埃及周边区域的气候类型分别为热带草原气候和地中海气候，对两种气候特征进行比较，可知植物生长期应与雨季一致，而相邻的地中海气候区的雨季又恰与尼罗河泛滥区作物耕种期（尼罗河枯水期）在季节上一致。

洪积扇是河流、沟谷的洪水流出山口进入平坦地区后，因坡度骤减，水流搬运能力降低，屑碎物质堆积而形成的扇形堆积体。贺兰山东麓洪积扇的分布（图略），除甲地洪积扇外，其余洪积扇堆积物均以砾石为主，贺兰山东麓南部大多数洪积扇耕地较少，且耕地主要分布在洪积扇边缘，据此完成9~11题。

9. 贺兰山东麓洪积扇集中连片分布的主要原因是贺兰山东坡（　　　）

A. 坡度和缓　　　　　　　　　B. 岩石裸露

C. 河流、沟谷众多　　　　　　D. 降水集中

解析：该题通过地理成因问题，重在考查学生对地理概念的理解、阐释和应用能力以及运用图表进行区域认知和综合思维能力。由洪积扇的概念可知，洪积扇的形成与山区河流、沟谷有直接的关系，且主要分布在山麓的山口附近。由题目提供的图（文中略去）可见，贺兰山东麓所有洪积扇都与河

流、沟谷相连。两者相互佐证，可得出"贺兰山东麓洪积扇集中连片分布的主要原因是河流、沟谷众多"。一般的，坡度和缓则不利于河流的侵蚀和搬运作用，也就不利于洪积扇的形成；降水多，强度大，岩石裸露有利于洪积扇的形成和发育。东坡位于迎风坡，降水多，植被覆盖率较高。

10. 与其他洪积扇相比，甲地洪积扇堆积物中砾石较少的主要原因是（　　）

①降水较少　②山地相对高度较小　③河流较长　④风化物粒径较小

A. ①②　　　　　　　　　　B. ②③

C. ③④　　　　　　　　　　D. ①④

解析： 该题重在考查学生区域认知和综合思维能力。首先，根据材料"除甲地洪积扇外，其余洪积扇堆积物均以砾石为主"，结合图中甲地地形及河流水系特征与相邻地方的差异性，可以得出洪积扇堆积物中砾石多少与地形、地势有密切相关。即地势起伏大，河流流速快，侵蚀和搬运作用强，沉积物中砾石占比大，反之，沉积物中砾石占比小。影响河流流速大小的因素除河流纵比降外，还与河谷形态及发育阶段有关，一般地，"V"型河谷流速大于"U"型河谷。由图可知，流出甲地的河流其流域内地形起伏和缓，相较于其他地区山地相对高度小，且河流流程长、流域面积大、河道弯曲，河道发育较为成熟，因此，河流流出山口时沉积物粒径较小。

11. 贺兰山东麓南部大多数洪积扇耕地较少的主要原因是（　　）

A. 海拔较高　　　　　　　　B. 土层浅薄

C. 光照不足　　　　　　　　D. 水源缺乏

解析： 该题重在考查学生逻辑推理能力和认知特定区域内人地关系的能力。如，根据材料"甲地洪积扇堆积物中砾石较少""其余洪积扇堆积物均以砾石为主""南部洪积扇耕地较少"等重要信息，推导出"耕地主要分布地"与"洪积扇堆积物粒径大小"之间的关系。进而根据"砾石比重大则不利于耕作"，"耕地主要分布在洪积扇边缘"等信息，推导出"耕地主要分布在粉沙、黏土粒径较小的堆积物上"。同时，根据干旱、半干旱地区"山麓洪积扇顶部因含大量砾石粗砂，透水性好，地形坡度大，潜水埋深大，土壤贫瘠干燥，而洪积扇边缘带因颗粒物细小，地势平坦，且地下水埋藏较浅，会有连片的湿润地区，常形成耕作和聚落的集中分布地"这一地理特征，引导中学地理教学对区域认知和人地协调观两大核心素养落到实处。

　　该组试题以图文材料为背景，以洪积扇的形成和分布及其对人类活动的影响为线索，紧紧围绕学科核心素养的基本要求，综合考查学生借助图文材料进行区域认知、逻辑推理、成因分析的地理学习能力以及根据不同地理环境，因地制宜地利用和改造自然环境，促进人地关系协调发展的能力。试题由浅入深、由易到难、由现象到本质、由自然到人文，层层递进，较好地体现了地理学科综合性、区域性、实践性以及地图作为地理学习的重要工具的鲜明学科特征。

核心素养背景下的2017年高考全国文综II卷地理试题（非选择题）评析

2017年高考文综II卷地理试题（非选择题）部分的命题，不仅取材广泛、角度新颖、立意鲜明、蕴意深刻，而且聚焦学科主干知识，关注人类和社会热点问题，凸显地理学科特点，将高考试题的选拔功能、育人功能、导向作用、牵引作用与地理科学的思想、方法、价值、使命完美融合。值得高中地理教学一线的教师认真咀嚼、深入研究、仔细品味。本文就各题的考查意图、解题思路进行了逐一评析，以期得到地理同仁的指正。

【原题呈现】36. 阅读图文资料，完成下列要求。（24分）

山西省焦煤资源丰富，其灰分和硫分含量较低，所生产的冶金焦供应全国并出口。据调查，1998年山西省有1800余家小焦企业。随着国家相关政策和法规的实施，山西省逐步关停这些小焦化企业，至2014年已形成4个千万吨级焦化园区和14个500万吨级焦化园区，极大地改变了该产业污染严重的状况。下图示意1994年和2014年山西省焦化厂布局的变化。

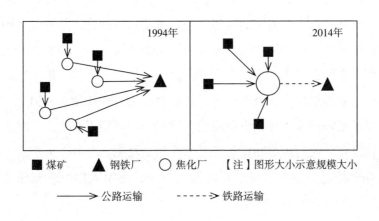

（1）说明20世纪90年代山西省焦化企业规模小、数量多的存在条件。（8分）

解析：该题表面上考查的是工业的区位条件，但实际上隐含了"地理环境影响人类活动"的思想。工业区位条件通常要从资源条件、资金、技术、劳动力、市场、交通、国家政策等方面考虑。限定的时间为"20世纪90年代"，这一时期山西焦化企业的突出特点是"规模小、数量多"，题目要求说明其存在的条件。准确回答这一问题，首先需要明确这一特定时期我国的社会经济背景，其次要明确山西省资源赋存条件。焦化厂的主要原料是焦煤，因此，焦化厂的数量和分布很大程度受焦煤的储量和分布以及市场需求大小的影响；企业规模主要受资金和技术的影响。从题目中所提供的材料可知，"山西省焦煤资源丰富，其灰分和硫分含量较低，所生产的冶金焦供应全国并出口"，说明当地资源条件优越，不仅储量达、分布广，而且质量好，同时，所生产的冶金焦市场需求量大，而这一时期国家正处在短缺经济时期，国家建设对钢铁等原材料需求供不应求，刺激了冶金工业快速发展。为了满足市场需求，促进地区资源开发和经济发展，解决就业，国家鼓励民间资本投资企业生产，一大批乡镇企业和民营企业纷纷建立并积极参与冶金焦的生产，但由于乡镇企业和民营企业资金匮乏，技术落后，导致企业数量多，但规模小。

（2）分析20世纪90年代山西省焦化产业生产过程中污染严重的原因。（6分）

解析：该题表面上考查环境污染成因问题，实则隐含了"人类活动影响地理环境"的思想。要求分析20世纪90年代焦化产业生产过程中污染严重的原因，也是对第一个问题的延伸考查。解答这类问题，首先要明确，企业生产过程中所产生的污染物数量取决于资源消耗量、生产设备、工艺技术、经营管理水平等；其次，还与人们的资源、环境意识有关。作为以煤冶炼为主要生产方式的焦化厂，由于生产过程中对煤炭的消耗量大，加之企业规模小、资金不足，技术落后，设备陈旧，导致资源利用不充分，又缺乏消烟除尘和净化设备，使得污染物排放总量大，污染严重。此外，由于这一时期人们普遍存在的过分追求经济增长的发展理念，使得人们的资源环境意识淡薄，也是导致污染严重的原因之一。

（3）指出20世纪90年代山西省焦化产业运输过程中存在的污染问题。（4分）

解析：该题继续聚焦环境污染问题以及人类活动对地理环境的影响。要求指出焦化产业在运输过程中存在哪些污染问题。解答该题要紧扣两个关键信息，一是"20世纪90年代"，二是"运输过程"。通过第一个关键信息，准确把握这一时期山西焦化企业的生产布局状况、主要交通运输方式。通过第二个关键信息，要明确运输过程包括哪些环节、运输对象的特点。然后可联系生活经验进行总结归纳。根据图中1994年焦化企业的生产布局和运输方式，可得出如下结论：第一，这一时期焦化企业不仅数量多、规模小，而且空间分布分散；第二，这一时期，运输方式主要为公路运输，运量小，效率低，但线路多；第三，运输对象包括煤和焦炭。综合以上信息，可以得出这一时期生产运输的特点是线路多，参与运输的车辆多、能耗大、尾气排放量大、噪声大，运输过程中因道路颠簸造成的煤炭散落、漏抛等现象严重，对沿途大气、土壤、水源、生物都会造成不同程度的污染。

（4）推测山西省建立大型焦化产业园区后，在生产过程和运输过程中，对减少环境污染可采取的措施。（6分）

解析：该题从减少环境污染，促进经济社会可持续发展的角度，隐含了人类怎样以及为什么要与地理环境协调发展的思想。该题的要求是"推测"，说明图文材料中没有可以直接参考或引用的有效信息，要求学生运用所学相关学科的知识及研究性学习中所获得的经验，通过合理地推理得出结论。所考查的内容包括两个方面，一是对生产过程中的产生的污染可采取的防治措施；二是对运输过程中的污染可采取的防治措施。第一个问题所涉及的学科知识点主要在"中国实施可持续发展的重要途径——循环经济"一节中，学生若能迅速调动本节内容中的相关概念和原理，并结合实际进行合理论证，提出具有创新意识的解决方案，一定是命题人所希望的。回答第二个问题，应结合图中"2014年"所呈现的生产布局和运输方式发生变化的信息，由图可见，2014年山西省建立大型焦化产业园区后，企业数量大大减少，生产规模扩大，企业的经济、技术实力大大增强，综合生产能力大幅度增强；同时，交通运输由铁路运输取代了公路运输，能耗减少，尾气排放量减少，运输效率大大提高。这些变化必将为企业更新设备、改进技术，推进清洁生产，发展循环经济，实现资源减量化、资源再利用、废弃物再生资源化提供有力保障，从而大幅度减少对环境的污染。

评论： 该题以"人地协调观"为主线，以山西省焦化产业的发展变化为素材，通过真实的情境，从不同角度考查了学生关于工业地域的形成与发展、人类与地理环境的协调发展、环境保护等学科主干知识的掌握程度，以及运用所学知识分析、认识和解决人地关系问题的能力。同时，又紧密联系我国当前大力倡导的加强资源环境保护、推进供给侧结构性改革，实现可持续发展等热点问题，充分体现了地理学科在协调人地关系、促进区域可持续发展方面的价值和责任。每个问题聚焦一个知识点，同时又对应人地关系思想的一个方面，问题与问题之间相互呼应，环环相扣，层层递进，逻辑清晰，是一道典型的注重考查学生地理学习能力和人地协调观素养的好题。

【原题呈现】 37.阅读图文资料，完成下列要求。（22分）

白令海峡宽35千米～86千米，平均水深42米，最大水深52米，海峡两侧为山地。在第四纪冰期全盛时，亚欧大陆与美洲大陆相连，印第安人祖先由此进入美洲。冰后期，温度上升，海平面升高，白令海峡形成，亚欧大陆与美洲大陆间联系受到阻碍。即使在冬季白令海峡封冻时，人们仍难以徒步跨越。

（1）分析目前在封冻时，人们难以徒步跨越白令海峡的自然原因。（8分）

解析： 该题重在考查学生区域认知能力。正确答题的关键是紧扣题干中"目前""封冻时""徒步""自然障碍"等重点信息以及图文材料中有关白令海峡地理位置、地形、成因等重要信息，并调动和运用相关知识和技能，对本区域自然地理环境特征展开分析。"目前"限定了时期，意指现代、当下；"封冻时"限定了季节，即冬季；"徒步"限定状态和条件，即不借助任何现代交通工具；"自然障碍"限定分析研究的对象仅限于地形、气候、植被等对人类活动有影响的自然因素。白令海峡地处高纬度，横穿北极圈，南北沟通太平洋和北冰洋，位于环太平洋地震带、亚欧板块和美洲板块交界处，冬季白昼时间段、太阳高度低，且邻近北半球寒冷中心，气候恶劣，地形以山地为主，起伏大，积雪深厚；沟通北冰洋和太平洋，有利于极地冷空气南下，形成"狭管效应"，风力强劲。

（2）推测冰期全盛时印第安人祖先从亚欧大陆进入美洲大陆的季节，并说明理由。（4分）

解析：该题重在考查学生的综合思维能力。根据题干中的关键词"推测""冰期全盛时""季节""理由"，提醒考生该题首先需要确定什么季节，然后说明理由。要确定什么季节，就要结合当地气候特征。从当地气候的季节变化来看，夏季日照时间长，气温相对较高，冬季日照时间短，气温低。根据材料提示，在第四纪冰期全盛时，亚欧大陆与美洲大陆完全相连，显然夏季最利于进入。

（3）有人提议在白领海峡建设跨海大桥，但由于建桥成本高等原因，未获支持。分析在白领海峡建设跨海大桥成本高的原因。（10分）

解析：该题从设问来看，形似往年"开放性问题"，实则限定分析"成本高"的原因。是一道典型的将自然地理和人文地理相融合，体现地理学服务生产生活，凸显地理学科综合性特征的好题。首先要明确，本题主要考查的是影响交通建设成本高的因素。影响交通运输建设的主要区位因素有自然条件、社会经济条件和科技条件，自然条件主要从地质、地形、气象、气候、水文等方面分析对建设施工造成的困难大小，社会经济因素主要从经济发展、交通运输、劳动力供给、运输需求等角度分析其保障水平，科技条件主要从建设材料、设备、解决科技难题等方面分析其可行性。一般的，自然条件优越、经济发达、交通运输便利、科技水平高、劳动力充足且廉价，建设成本就相对较低，反之，建设成本高。前面两题已就本地区自然条件进行了分析，但只侧重于气候、地形、地质，而建设跨海大桥还要考虑海水、海冰等的影响，因此，这里就要重点从社会经济条件进行分析，然后将两者整合起来。读图分析可知，该地纬度较高，处于环太平洋地震带上，地质构造复杂，气候寒冷，多暴风雪，自然条件恶劣，夏季浮冰多，对桥墩的建设要求较高，建设难度大，成本较高；该地洋流的流向以及海水对建筑材料的腐蚀作用都要加以考虑，海峡两侧为山地，地形崎岖，因此建设难度大，施工期短，建设周期长，人工费用高，建设成本高。

评论：该题虽然在选材上不求新颖奇特，设问上不求刁钻怪异，但却以人地关系为主线，通过地理环境对人类活动的影响以及人类遵循自然规律、与自然和谐相处这一基本思路，将人地协调观、区域认知、综合思维、地理实践力四个学科核心素养完美融合，看似常规，却意味深刻。

【原题呈现】43. ［地理——选修3：旅游地理］（10分）

茶马古道是以茶、马为主要商品，以马帮为主要运输方式的古代商道。该商道分布在滇、川、藏等地区，沿途穿越高山、峡谷、密林。暑期一群旅游爱好者计划沿茶马古道，靠站徒步古道游，体验马帮文化。

从文化的角度，指出他们应做的前期准备。

解析： 该题关注当下人们最时兴的"文化旅游"和"徒步旅游"现象，以横断山区地理环境为切入口，综合考查学生科学精神、文化底蕴、实践能力。根据题中材料，该旅游活动的主题是"体验马帮文化"，旅游方式是徒步游，旅游线路是分布在横断山区滇、川、藏的茶马古道，旅游季节为暑期。从旅游前期的准备来说，无论从哪个方面考量，该题都具有典型性。但本题设问仅限于考查学生对文化及文化旅游的理解，明确要求学生"从文化的角度"思考问题，看似问题更为聚焦，其实增加了回答问题的难度。基本思路是，要体验马帮文化，就要了解马帮的装备及规模、行动线路、行程安排、携带的生活用品，以及沿途主要驿站、风俗民情、经常遇到的危险和困难等方面，展开相关资料的搜集、学习，以便帮助旅游者确定正确的旅游线路，备足备齐生活用品及特殊装备，同时，还应做好相应的心理、生理准备。

评论： 该题将中国传统文化和现代新型旅游方式相结合，且要求学生从"文化角度"思考和回答问题，其用意在于引导学生重视中国传统文化的学习和传承，努力成为具有人文底蕴、科学精神、学会学习、健康生活、责任担当、实践创新六大素养的全面发展的人。同时，彰显了地理课程注重对学生科学兴趣、态度和科学观念的培养，并顺应时代要求、服务人类生产生活活动的特征和功能。

【原题呈现】44. ［地理——选修6：环境保护］（10分）

我国南方红壤丘陵地区因受人为干扰，地表植被遭到破坏，土壤侵蚀严重，出现"红色荒漠"（图略）。为治理这一环境问题，20世纪80年代，当地采用人工种植松树和自然恢复等方式造林育林，形成了不同的植被景观。

分析自然恢复的次生林比人工松林防止水土流失效果更好的原因。

解析： 该题关注我国生态环境治理问题，以我国南方"红漠化"的成因和治理为切口，不是直接考查学生有关生态环境问题的本质、成因、治理措施等地理基本知识和基本原理，而是考查学生从自然地理的角度分析比较两种不同"造林育林"方式产生不同效果的原因。隐含了人类活动影响地理环境，人类活动应尊重自然规律，实现人与自然和谐共处的思想。该题所要考查的不仅仅是学生的地理知识，更注重学生在地理学习过程中所形成的人地观念和地理实践力，即观察力、想象力、思维力。假如学生在平时的地理学习中仅仅以掌握课本知识为目标，日常教学仍然以封闭的课堂讲授为主要形式，不注重问题研究、实验操作、社会调查、实地考察等开放性的学习形式，学生必然不可能完整、准确地完成该题。基本思路是，结合日常生活经验，从不同角度，如植物种类、密度、层次性、地区适应性、生长速度等提出假设，并分析比较两种类型植被在其防止水土流失中的效果大小。

基于认知负荷理论的初中地理教学逻辑重构

——以"珠江三角洲区域的外向型经济"为例

　　教学的有效性在于逻辑性。建构教学逻辑是深度研究课堂教学、提高教学有效性的切入口。目前，地理教学逻辑是地理研究者和一线地理教师"耳熟"却"不易详"，甚至"不能详"的课堂教学要素。特别是对于初中区域地理的学习，地理教师习惯了按照"地理位置—地形—气候—水文—资源"的固定模式将知识传授给学生，使地理知识学习变得枯燥无味。学生对所学内容缺乏一定的认知体验，这样势必会加重学生在学习过程中的认知负荷。

　　那么，究竟该如何设计逻辑清晰、合理的教学活动，帮助学生构建知识体系，降低学生的认知负荷？为解决这一根本问题，笔者选择初中区域地理中具有代表性的湘教版《地理》八年级下册第七章"认识区域：联系与差异"第三节"珠江三角洲区域的外向型经济"，利用认知负荷理论寻找学习该课时学生认知负荷产生的根源，然后在此基础上重新构建本课的教学逻辑，帮助学生有效整合分散的地理知识，以期减轻学生的认知负荷，提升运用所学知识分析、解决问题的能力，培养学生的地理逻辑思维和学科核心素养。

一、认知负荷理论概述

　　1988年，澳大利亚心理学家斯威勒（Sweller）在"研究学习材料和教学方法对学习者概念掌握和认知加工的影响"中提出了认知负荷理论。该理论主要从认知资源分配的角度来考察学习和问题解决，以资源有限理论、图式理论和认知结构理论为基础，普遍地应用于课堂教学、资源设计等方面。认知负荷包括内部认知负荷、外部认知负荷和关联认知负荷。由于元素间交互形成的负荷称为内部认知负荷，它取决于所要学习的材料的复杂性和学习者已有知识和理解水平之间的交互。外部认知负荷是指信息输入时的组织方式和呈现方式带来的负荷，它主要是由教学设计不当引起的。相关认知负荷是指与促进图式构建和图式自动化过程相关的负荷。外部认知负荷和相关认知负荷都直接受控于教学设计者。三种类型的认知负荷是相互叠加的。一般来说，外部认知负荷越大，学习的效率越低。为了促进有效学习的发生，在教学过程中应尽可能减少内、外部认知负荷，增加相关认知负荷，使学习者的认知资源用于直接从事更高级的认知加工（如重组、抽象、比较和推理等），从而支持图式的形成和构建，并且使总的认知负荷不超出学习者个体能承受的上限，以利于学习者提高学习效率。

因此，在教授"珠江三角洲区域的外向型经济"这一课内容时，老师不仅要降低外在认知负荷，更需要重新构建教学逻辑以降低相关认知负荷，使教学更适应学生的认知水平和能力，唯有如此，方可帮助学生突破思维的障碍，提高教学的有效性。

二、珠江三角洲区域的外向型经济教学中存在的问题

关于珠江三角洲区域的外向型经济的教学，笔者在总结数节精品课、金课，高级教师的授课思路和对应的教学设计后，发现在本课教学中明显有以下两点共性问题。

（一）教学片段化，学生认知逻辑混乱

地理学讲求整体性、联系性，地理思维是整体的、联系的思维。目前，大量区域人文地理的教学案例表明，绝大多数教师多是按照教材中的知识内容、活动安排及其排列次序，即按照"地理位置—地形—气候—水文—资源"的固定模式将知识传授给学生，这样的教学逻辑势必导致学生习得的知识片段化，难以构建系统的区域逻辑结构。而初中地理中的人文地理部分是根据研究对象科学的、内在的、逻辑的关系来安排教学内容，从而获得有关人文地理学的体系化的知识。

片段式教学逻辑如图1所示。

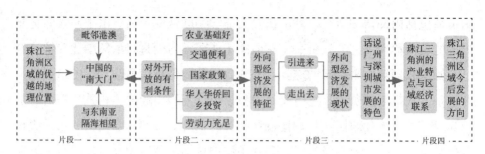

图1 片段式教学逻辑

可见，这种"片段式"的教学逻辑易割裂学生对地理事物的整体认识，不利于学生整体、联系地认识和看待地理问题，最终导致学生在学习的过程中产生较高的认知负荷。例如，在学生探究完珠江三角洲优越的地理位置后，直接介绍珠江三角洲外向型经济的迅猛发展，然后再转而设问：珠江三角洲区域外向型经济的发展有哪些有利条件？（学生小组讨论）让学生以小组讨论、归纳珠江三角洲区域外向型经济的发展有利条件。对八年级的学生而言，对"外向型经济"这一概念还比较陌生，如果教师未能给予一定的解释和引导，学生是难以理解的，只能机械地记忆，这显然是不利于核心素养的形成的。此外，这部分内容是教材中直接给出的结论，在教学的过程中，教师通常比较注重学生提取和归纳文字信息的能力，而容易忽视渗透"是什么—为什么—造成什么结果"的区域经济地理位置的分析思路与评价方法，若未能建立起明确的"因—果"联系，只会增加关联认知负荷，从而难使学生构建起完整的知识框架，不利于本课的教学。

（二）教学内容多而杂，缺乏逻辑主线

地理课堂教学要讲求逻辑，追求学科本真，以培育和提升学生的地理核心素养为目标。同时，科学有效的地理教学逻辑有利于优化教学思路，实现地理学科育人价值，增强学生学习的主动性。而在本节教材中，安排有大量的关于广州和深圳发展特色以及珠江三角洲区域的产业格局等内容，致使老师不得不讲，学生不得不学。这就会促使学生跌入"思维陷阱"，无形中加重了学生的外在认知负荷。

教材这样的编排，虽看似面面俱到，却有"凌乱无章，本末倒置"之嫌。学生还未真正明白外向型经济究竟是什么，它是如何发展壮大的，就接着学习广州、深圳的发展，以及珠江三角洲区域的产业格局。如果教师不对教材内容进行有效整合，仅是照本宣科，不仅不能帮助学生建构知识体系，反而会增加外在认知负荷，降低学习的效率，极不利于学生思维能力的发展。

三、珠江三角洲区域的外向型经济教学逻辑的重构

通过对"珠江三角洲的外向型经济"教学中存在的问题分析，我们发现，究其根本是"珠江三角洲的外向型经济"的教学逻辑是什么的问题。那么，针对"珠江三角洲区域的外向型经济"这部分内容，到底如何设计才能既使学生掌握地理知识，又能构建起知识之间的逻辑关系，让学生在学习的过程中构逻辑，养能力，减负荷呢？这就要求地理教师必须依据学科逻辑和学生认知发展逻辑，构建起科学的教学逻辑，从而优化教学过程，降低学生的认知负荷，培养和发展学生的地理核心素养。

（一）逻辑重构的依据

构建地理教学逻辑仍要依据地理课程标准、地理教学目标、地理学科逻辑和学生的认知逻辑，以地理学科知识为逻辑起点，以教会学生如何获取地理信息，培养地理核心素养为最终目标。诚然，地理教学的逻辑起点是地理学科知识的逻辑，但要明白"教什么""教到什么程度"，还须以地理课程标准、地理教学目标和学生的认知逻辑为依据。据此，笔者试图通过地理课标的要求、地理学者研究问题的一般思路以及学生学习的逻辑寻找知识之间的内在逻辑关系和教学活动序列，进而理清本节课的教学逻辑。

1. 依据地理课程标准

教师要明白"教什么""教到什么程度"，须以地理课程标准为根本参照。"珠江三角洲的外向型经济"这一课对应的《义务教育地理课程标准（2011年版）》要求是运用有关资料分析说明外向型经济对某区域经济发展的影响。因此，这部分内容的重点是要回答"什么是外向型经济？它有什么特点？为什么会形成这样的经济特征？以及它对区域发展造成什么影响"等问题。

2. 依据地理学科逻辑

国际地理联合会地理教育委员会于1992年发布的《地理教育国际宪章》指出"地理学是一门旨在解释地区特征以及人类和事物在地球上、发展和分布情况的科学"。地理学所关注的是人与环境在特定地点和位置的相互作用。地理学者提出以下问题：它在哪里？它是什么样子的？它为什么在那

里？它如何出现？它带来什么影响？怎样使它有利于人类和自然环境？在寻求这些问题的答案时，必须研究有关现象在地球上的位置、形势、相互作用、空间分布和差异。香港课程发展议会于2010年发布了《地理课程指引（中一至中三）》，其技能目标部分以此六大问题为基础继续扩充、发展，要求学生"根据以下的问题来帮助自己以地理的视角来进行思考：它在哪里？它是怎样的？它为什么在那里？它如何出现？它如何及为何改变？它带来什么影响？应如何管理它？"通过对以上系列问题的思考，我们可以尝试总结出问题的指向，进而将这些指向结果作为本节课教学的主要逻辑依据。

3. 依据学生学的逻辑

根据布鲁纳、维果茨基、奥苏贝尔等教育心理学家的观点，地理学习实际上是学生的一种认知活动，是学生在已有知识、经验的基础上对地理知识进行选择和内化的过程，学生学习地理具有由已知到未知、由简单到复杂、由特殊到一般、由具体到抽象等规律。鉴于初中生的知识经验和认知心理，对于区域地理特征的认知，往往只能把握区域地理位置、区域个别特征、区际的简单联系等。

基于此，笔者对"珠江三角洲区域的外向型经济"教学逻辑进行如下重构，以期降低认知负荷，促进学生知识的构建和思维能力的提升。

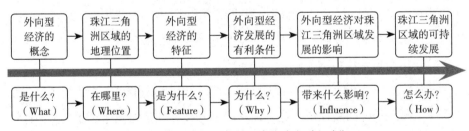

图2　重构"珠江三角洲区域的外向型经济"

从重构后的教学逻辑可以看出，整个教学过程环环相扣，前因后果一目了然，教学逻辑更加符合学生的认知逻辑。体现了学科知识逻辑和学生认知逻辑的内在统一。最重要的是，其总体上表现出循序渐进、由易到难、由浅入深、由简单到复杂、由现象到本质的逻辑顺序。每一步都是为让学生在探究过程中由感性认识上升为理性认识。苏霍姆林斯基《给教师的建议》中说："让学生亲自去研究和发现某种东西，亲自去把握具体的事实和现象，那么这种驾驭知识的情感就会更加强烈。"根据"最近发展区理论"的观点，教学应具有一定难度，使学生在教师引导下达到可能水平，其目的就是要让学生产生"跳一跳就能摘到果子"的学习成就感，最终使学生走向有意义学习。以此教学逻辑线索串联教学，最大的优点是教学逻辑清晰、重点突出、贴合区域地理学的本质，使学生在学习知识的过程中潜移默化地提升了逻辑思维能力，体会区域地理学习的实践价值和逻辑魅力，养成关心并乐于探究现实地理问题的习惯，激发学生的科学精神和责任担当。

（二）逻辑重构后的教学流程

基于以上分析，"珠江三角洲区域的外向型经济"一课的教学过程采用逻辑重构后的教学流程（图3）更加符合课标要求、教材编写者的意图、区域地理分析的一般思路和学生的认知规律，按照这样的教学流程展开教学不仅有助于引导学生主动思考、主动构建知识，而且能最大程度上培养学生的逻辑思维能力。

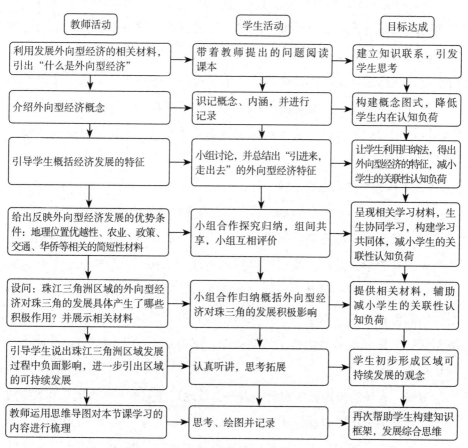

图3　重构后的"珠江三角洲区域外向型经济"的教学流程

四、对地理教学的启示

（一）找准认知负荷产生的原因

阻碍学生对概念、规律理解的原因是复杂多样的，教师应找准问题产生的根源。为此，教师需要跳出"思维陷阱"，重点通过对学科知识逻辑和学生学习逻辑的分析，设计合理的教学过程，促进学生利用自己的认知逻辑同化学科逻辑，并最终将其纳入自身认知结构中。在"珠江三角洲区域的外向型经济"教学中，教材内容过多的确会对学生的学习起到一定阻碍作用，究其根本，是教材内容本身的内在逻辑与学生认知逻辑的冲突导致了较高的认知负荷。

（二）关注学生学习的逻辑

在进行教学设计的过程中，教师往往过于关注知识逻辑和教的逻辑，忽视学生的认知逻辑和学的逻辑。因此，即使教师的逻辑很清楚，学生也会觉得晦涩难懂。所以，必须关注学生学习的逻辑，遵循从易到难、从已知到未知、从感性认识到理性认识等学生学习的规律，让学生在充分理解的基础上巩固和应用。只有清晰认识学生的认知逻辑，才能构建起合理的教学逻辑，才能更加清晰明了地把握学生的认知负荷，进而更好的优化教学活动。

（三）构建科学的逻辑主线

构建清晰的、符合学生认知发展水平的教学逻辑的根本目的，在于促进通过有意义学习，激发学习兴趣，使他们全神贯注地去探索地理问题，追求真理。在教学实践中，我们可以借鉴地理学家探究问题的一般思路，将"是什么—在哪里—是什么样的—为什么—带来什么影响—怎么办"等一系列问题的探究作为教学的教学逻辑主线，并按照此主线设计学习活动，编制探究问题，既符合学生的认知规律，又有助于学生构逻辑，养能力，减负荷。

清晰、合理的地理教学逻辑一直是高效地理课堂的基本诉求。在教学过程中，要准确分析并合理处理学生学习时的认知负荷，帮助学生构建知识图式；深入把握地理课标要求，寻找地理学科逻辑和学生的学习逻辑，撇弃传统区域地理教学逻辑一以贯之的"片段式"教学逻辑的刻板做法，采用重构后教学逻辑下的教学模式，方可有效培养学生的逻辑思维能力。总而言之，学生只有"学得活"，才会"用得活"。

参考文献：

［1］朱德全，张家琼.论教学逻辑［J］.教育研究，2007（11）：47-52.

［2］历晶，郑长龙.课堂教学逻辑的构建［J］.东北师大学报（哲学社会科学版），2013（6）：278-280.

［3］柯旺花."初建"与"重构"：从注重教学形式到讲求地理逻辑——以"世界的气候"一课为例［J］.地理教学，2019（13）：27，37-39.

［4］Sweller J.Cognitive load during problem solving: Effectson Learning[J]. Cognitive Science,1988(12):257-285.

［5］刘振武，胡银泉.基于认知负荷理论的阿基米德定律实验设计［J］.物理教师，2017，38（9）：45-47.

［6］常欣，王沛.认知负荷理论在教学设计中的应用及其启示［J］.心理科学，2005（05）：1115-1119.

［7］朱承熙."简单课"讲出"地理味儿"：论人口迁移的教学逻辑［J］.地理教学，2015（11）：45-48.

［8］龚胜生.5W：人文地理学研究的框架：中国地理学会2003年学术年会文集［C］.中国地理学会、华中师范大学城市与环境科学学院、武汉大学资源与环境科学学院、中国地质大学地球科学学院、中国科学院地理科学与资源研究所、湖北省地理学会：中国地理学会，2003：1.

［9］董静，于海波.教学逻辑的价值追求与二维结构的运演［J］.中国教育学刊，2015（8）：24-29.

［10］李梅梅，常珊珊，魏伊.透视高中地理新教材之逻辑结构对比［J］.地理教学，2020（11）：15-18.

［11］中华人民共和国教育部.义务教育地理课程标准（2011年版）［S］.北京：人民教育出版社，2011.

［12］冯以浤.地理教育国际宪章［J］.地理学报，1993（04）：289-296.

［13］袁孝亭，等．地理课程与教学论［M］．2版．长春：东北师范大学出版社，2020．

［注：本文由杨建军、杨稳民合作完成于2021年，并被《地理教学》（2021年第16期）刊发，原文略有修改］

基于双向细目表的兰州市中考地理
试题分析和备考建议

为响应教育部等六部门关于印发《义务教育质量评价指南》通知的要求，兰州市新中考将地理、生物的卷面分数计入中考总分，而不再是之前的等级制，这就要求初中地理复习必须在有限的时间内提高学生的应考能力。因此，精准高效的地理复习课对学生的中考尤为重要。要想提高复习备考的精准性、有效性，就必须准确把握复习内容的重点和主干。运用考试命题双向细目表对中考试题进行分析研究，不仅有助于更好地制定教学计划和复习策略，而且能够减轻师生的课业负担，提高复习备考的效率和质量。

一、试题命制双向细目表的制定

命题双向细目表对准确把握中考考点、指导课堂教学起着重要的功效，也为2021年紧张的复习备考工作提供具体、可靠、科学有效的依据。笔者依据《义务教育学科课程标准（2011版）》（以下简称《课标》）具体的知识点，并对照2018—2020年兰州市中考试题中考查的知识点进行统计，制定中考考点双向细目表（表1）。

表1　中考地理考点双向细目表

板块	内容标准	考点	年份	题号	考查点位	题型	分值	难度
地球与地图	地球与地球仪	地球的运动	2018	1，2，28（1）	地球公转的位置、五带的划分	选择综合	5	中

教海求索
30年

——我的地理教学实践与思考

板块	内容标准	考点	年份	题号	考查点位	题型	分值	难度
地球与地图	地球与地球仪	地球的运动	2019	21，26（1）	昼夜更替、四季更替、五带的划分	填空综合	3	易
			2020	22（1），24（1）	五带的划分	综合	3	中
		经线、纬线、经纬度	2019	26	经纬度的书写以及东、西、南、北半球的判读	综合	8	中
			2020	10，21（2）	经纬度定位和高、中、低纬度判断	选择综合	2	中
	地图	在地图上量算距离、辨别方向	2018	26（1），26（2）	山峰海拔的估算、利用比例尺的计算	综合	4	易
			2019	1	利用比例尺的计算	选择	2	易
			2020	1	利用比例尺的计算	选择	1	易
		等高线地形图的判读	2018	26（3），26（4）	等高线地形图上风向、地形部位、河流位置的判读	综合	8	中
			2019	27	等高线地形图上的地形部位、河流流向及其聚落形成的自然条件等判读	综合	10	中
			2020	4	等高线地形图上风向、地形部位、河流位置的判读	选择	1	易

板块	内容标准	考点	年份	题号	考查点位	题型	分值	难度
世界地理	海洋与陆地	七大洲、四大洋	2018	21	大洲、大洋的位置与特点	填空	2	易
			2019	18	大洲的轮廓	选择	2	易
		板块构造学说	2018	3	日本温泉众多的原因	选择	2	易
			2019	4	台湾多地震的原因	选择	2	易
			2020	2	新疆于田地震发生的原因	选择	2	易
		天气符号	2020	5	兰州7月3日天气状况对应的天气符号	选择	1	中
		气温曲线图和降水量柱状图	2018	27	绘制气温曲线图，由图表获取气温和降水的特点	综合	10	中
			2019	7，8	由图获取气温和降水的特点进而判断气候类型	选择	4	中
			2020	22	由图获取气温和降水的特点来确定冬季的月份	综合	1	易
		主要气候类型及其特征	2018	27（4）	由图表概况气温和降水的特点	综合	2	中
			2019	7，8	由图表概况气温和降水的特点并判断气候类型	选择	4	中
		影响气候的主要因素	2018	29（2）	影响西宁每年供暖时长一个月的主要因素	综合	2	中

板块	内容标准	考点	年份	题号	考查点位	题型	分值	难度
世界地理	海洋与陆地	影响气候的主要因素	2019	28（3）	地形对降水分布的影响	综合	2	中
			2020	6	古诗词中隐含的地形地势对气候的影响	选择	1	难
	居民	世界人口增长和分布	2018	6	金砖五国家中人口最多的国家	选择	2	易
			2020	21	世界人口分布特点	综合	5	难
		世界三大人种及其分布	2018	21	黑种人的特征	填空	2	易
			2019	24	撒哈拉以南非洲的人种和欧洲西部分布的人种	填空	2	易
		世界三大宗教	2018	8，9	宗教的典型建筑和信仰国家	选择	4	易
			2019	5	宗教的典型景观	选择	2	易
		聚落与自然环境的关系	2018	7	俄罗斯西伯利亚地区地广人稀的主要原因	选择	2	中
			2019	27（4）	聚落形成的自然条件	综合	4	中
			2020	7	聚落形成的条件	选择	1	中
	地域发展差异	发展中国家和发达国家的分布	2018	10	世界主要的发达国家	选择	2	易
			2019	19	世界主要的发展中国家	选择	2	易
		国际经济合作的重要性	2020	8	新冠病毒对全球经济发展的影响	选择	1	易

板块	内容标准	考点	年份	题号	考查点位	题型	分值	难度
世界地理	认识区域	大洲的地形、气候、水系特点及其相互关系	2018	4，28（2）	由河流水系特点判断冰岛地势特征；巴西北部有世界上水量最大的河流的原因	选择综合	6	难
			2019	28（1）	南亚北部的地形，西南季风的来源极其自然灾害	综合	10	中
		运用地形图和地形剖面图，归纳地形地势特点	2019	29（1）	利用俄罗斯地形图判断地势特征	综合	2	中
		气候对农业生产生活的影响	2018	28（1）	巴西的农业经济作物	综合	2	易
			2019	29（2）	河流对农业生产的影响	综合	4	中
		河流对城市分布的影响	2018	5，28（3）	冰岛的城市和交通分布；巴西的人口、城市分布	选择综合	4	易
			2020	22（3）	巴西的人口、城市分布	综合	1	易
		影响某地区经济发展的主要自然资源及其分布等情况	2020	22（2）	巴西丰富的矿产资源	综合	1	易

板块	内容标准	考点	年份	题号	考查点位	题型	分值	难度
世界地理	认识区域	南、北极地区的特殊自然环境	2019	22	南、北极的代表动物	填空	2	易
			2020	11	南极比北极寒冷的原因	选择	1	中
		根据地图和资料概括某国家自然环境的基本特点	2018	28（3）	亚马孙平原地区人口稀少的原因	综合	2	中
			2019	29（1）	俄罗斯的地势特点和主要河流	综合	4	易
		高新技术产业对某国经济发展的作用	2020	20	中国企业发展受制于美国的主要原因	选择	1	易
		归纳某国家交通运输线路分布的特点	2018	5	冰岛城市、交通线路的分布特点	选择	2	易
中国地理	疆域与人口	34个省级行政单位、简称、行政中心	2018	25	湖南省的简称、陕西省的行政中心	填空	2	易
			2019	23	福建省的简称、黑龙江的行政中心	填空	2	易
			2020	15	甘肃省的地理位置	选择	1	易
		我国的人口增长、人口国策	2018	11，12	读图概括我国人口增长的特点；我国当前的生育政策	选择	4	中

板块	内容标准	考点	年份	题号	考查点位	题型	分值	难度
中国地理	疆域与人口	民族分布的特点	2019	12	我国民族分布的特点	选择	2	易
	自然环境与自然资源	我国地形、地势的主要特征	2019	16	读聚落景观图对应我国的四大高原之一	选择	2	易
		我国气候的主要特征及其主要影响因素	2018	29（2），（3）	西宁和济南气候差异大的主要原因；季风区与非季风区的划分	综合	4	中
			2019	15	影响我国南北气温差异的主导因素	选择	2	易
			2020	6	诗词中隐含地形地势对气候的影响	选择	1	难
		我国的内、外流河的分布特征	2018	23	黑龙江和珠江的结冰期、汛期	填空	2	中
			2020	3	塔里木河的特点	选择	1	中
		长江、黄河的水文特征	2018	29	黄河流域的自然特征	综合	6	难
			2019	3，10	长江的基本特征；黄河兰州段水文特点	选择	4	中
			2020	23	黄河的水文特征（含沙量）	综合	5	难
		我国的自然灾害	2020	12	发生洪涝灾害的主要原因	选择	1	中

板块	内容标准	考点	年份	题号	考查点位	题型	分值	难度
中国地理	自然环境与自然资源	我国水资源的分布特点	2019	25	我国水资源的时空分布不均匀，对此采取的措施	填空	2	易
	经济与文化	我国的农业	2018	24，29（3）	农业的主要类型及其分布；农业的灌溉方式	选择综合	4	中
			2019	30（3）	地形对农作物分布的影响	综合	2	中
			2020	17	河西走廊种植玉米的优势条件	选择	1	中
		我国的工业	2019	11	信息产业布局的主导因素	选择	2	易
		交通运输方式	2019	9	天然气的运输方式（管道运输）	选择	2	易
			2020	14，22（2）	南方水果运输到兰州的最佳方式；我国进口巴西铁矿的运输方式	选择综合	2	中
		我国主要铁路的分布格局	2019	2	兰州到新疆的铁路干线（兰新线）	选择	2	易
		自然环境对我国地方文化特色的影响	2018	13，14	我国气候对民居的影响	选择	4	易
			2019	16，17		选择	4	易

板块	内容标准	考点	年份	题号	考查点位	题型	分值	难度
中国地理	地域差异	"秦岭—淮河"一线的地理意义	2018	17，18	秦岭的位置及其南北两侧的地理特征	选择	4	易
			2019	30（1）		综合	6	易
		四大地理区域极其自然地理差异	2018	13，14	南方地区的民居	选择	4	易
			2019	16，17，30（2）、（3）	北方地区的民居；西北地区的气候；青藏地区的农作物	选择综合	8	中
			2020	12，13	南方地区的自然灾害；古诗词中的南方地区	选择	2	中
	认识区域	香港、澳门	2019	20	香港、澳门的产业特征	选择	2	中
		台湾	2018	15，16	台湾的自然概况和经济发展特征	选择	4	中
			2020	24	台湾所处温度带；台湾的降水特征；台湾的农作物以及铁路分布	综合	5	中
乡土地理	家乡的位置以及自然特点		2018	19，20，29（3）	甘肃省的地级市；兰州黄河沿岸的景观；河西走廊的农业灌溉方式	选择综合	6	易
	家乡主要地理事物的变迁及其原因		2019	6	兰州水车历史悠久，其主要作用是什么？	选择	2	易

续 表

板块	内容标准	考点	年份	题号	考查点位	题型	分值	难度
乡土地理	家乡的自然资源、自然灾害对社会经济等方面的影响		2019	13，14	兰州市规划生态绿地	选择	4	中
			2020	18，19	甘肃的优势产业；兰州市垃圾分类	选择	2	中

注：2020年中考地理总分为40分。

二、各板块考点分析

《教育部关于做好2021年普通高校招生工作的通知》（以下简称《通知》）指出：在深化考试内容改革方面，"2021年高考命题要坚持立德树人，加强对学生德智体美劳全面发展的考查和引导。要优化情境设计，增强试题开放性、灵活性，充分发挥高考命题的育人功能和积极导向作用，引导减少死记硬背和'机械刷题'现象。"并提出了命题遵循的十大原则。原则7强调：重点知识必考，主干知识多考，次点知识轮考，补点知识选考。据此，深入研究试题、把握考点分布，不仅有助于我们准确把握中考方向，做到精准备考，而且对做好日常的课堂教学具有很强的指导作用。

从上述试题命制"中考地理考点双向细目表"（表1）中能够看出，如"地球的运动""等高线地形图的判读""板块构造学说"等知识点在这3年试题当中都有考查，是中考的重点知识；"七大洲、四大洋""主要气候类型及其特征""世界三大宗教"等知识点在这3年试题中考查两次，是中考的主干知识；"天气符号""国际经济合作的重要性""香港、澳门"以及"我国的工业"等知识点在这3年试题当中考查一次，是中考考查的次点知识；"五种主要的地形类型""北京"等知识点在这3年试题当中考均未曾考查，是属于中考的补点知识。具体分类指标如表2所示。

表2 不同等级知识的划分指标及其实例

等级	知识	具体指标	实例
Ⅰ	重点	3年内的试题当中考查频次≥3次	"等高线地形图的判读""板块构造学说"
Ⅱ	主干	3年内的试题当中考查2次	"主要气候类型及其特征""世界三大宗教"

等级	知识	具体指标	实例
III	次点	3年内的试题当中考查1次	"香港、澳门""我国的工业"
IV	补点	3年内的试题当中考查0次，但《课标》中有明确要求的知识点	"五种主要的地形类型""北京"

（一）地球与地图

在依据《课标》的要求以及各知识点考查出现的频次的基础上，筛选出本版块的重点知识共计3条，主干知识共计1条，次点知识共计0条，补点知识共计1条（表3）。按照《通知》原则：3条重点知识今年必定会继续考查，其中"地球的运动"可能以选择题的形式出现，也可能会以综合题的形式出现，而"在地图上量算距离、辨别方向"与"等高线地形图的判读"将以综合题的形式继续考查；1条主干知识——"经纬网"，将极有可能以选择题的形式继续考查；1条补点知识——"在地形图上识别五种主要的地形类型"，今年很可能会考查。

表3 "地球与地图"板块不同层级的知识点分布

内容标准	重点知识	主干知识	次点知识	补点知识
地球与地球仪	1.地球的运动	1.经纬网	—	—
地图	2.在地图上量算距离、辨别方向 3.等高线地形图的判读	—	—	1.在地形图上识别五种主要的地形类型

（二）世界地理

本版块的重点知识共计4条，主干知识共计11条，次点知识共计6条，补点知识共计4条（表4）。4条重点知识中"板块构造的特点""南、北极地区的特殊自然环境"仍会以选择题的形式出现，而"由图表获取气温和降水的特点""影响气候的主要因素""聚落与自然环境的关系"将以综合题的形式出现；11条主干知识中，极有可能会考查的是"七大洲、四大洋""主要气候类型及其特征""世界人口增长和分布""世界三大人种及其分布""世界三大宗教""发展中国家和发达国家的分布"，预计今年会以选择题的形式出现，"大洲的地形、气候、水系特点及其相互关系""气候对农业生产生活的影响""河流对城市分布的影响""根据地图和资料概括某国家自然环境的基本特点"极有可能以综合题的形式出现；6条次点知识则将会选择其中的部分再次考查，其中"运用地形图和地形剖面图，归纳地形地势特点""影响某地区或世界经济发展的主要自然资源及其分布等情况"今年考查概率较大；4条补点知识或许会部分选择性考查，如"天气和气候的区分""语言的分布""世界文化遗产的保护"考查概率比较大。

表4　"世界地理"板块不同层级的知识点分布

内容标准	重点知识	主干知识	次点知识	补点知识
海洋与陆地	1. 板块构造学说 2. 气温曲线图和降水量柱状图 3. 影响气候的主要因素	1. 七大洲、四大洋 2. 主要气候类型及其特征	1. 天气符号	1. 天气和气候的区分
居民	4. 聚落与自然环境的关系	3. 世界人口增长和分布 4. 世界三大人种及其分布 5. 世界三大宗教	—	2. 语言的分布 3. 世界文化遗产的保护
地域发展差异	—	6. 发展中国家和发达国家的分布	2. 国际经济合作的重要性	—
认识区域	—	7. 大洲的地形、气候、水系特点及其相互关系 8. 气候对农业生产生活的影响 9. 河流对城市分布的影响 10. 南、北极地区的特殊自然环境 11. 根据地图和资料概括某国家自然环境的基本特点	3. 运用地形图和地形剖面图，归纳地形地势特点 4. 影响某地区或世界经济发展的主要自然资源及其分布等情况 5. 高新技术产业对某国经济发展的作用 6. 归纳某国家交通运输线路分布的特点	4. 在地图上找出某国家的首都

（三）中国地理

本版块的重点知识共计5条，主干知识共计6条，次点知识共计7条，补点知识共计6条，分布相对均匀（表5）。5条重点知识中"34个省级行政单位、简称、行政中心"将会继续以选择题的形式出现，"长江、黄河的水文特征""我国的农业""四大地理区域及其自然地理差异"将以综合题的形式出现，而"我国气候的主要特征及其主要影响因素"则可能还会以选择题的形式出现；6条主干知识极有可能会考查，特别是"'秦岭—淮河'一线的地理意义"，应该依旧是今年的必考内容；7条次点知识将会选其一再次考查，其中的"我国的工业""我国主要铁路干线的分布格局"，今年考查概率较大；5条补点知识或许会部分选择性考查，其中的"外向型经济对区域发展的影响""北京"是《课标》明确指定的必学内容，而这3年试题中都未曾考查，所以今年考查概率极大。

表5 "中国地理"板块不同层级的知识点分布

内容标准	重点知识	主干知识	次点知识	补点知识
疆域与人口	1. 34个省级行政单位、简称、行政中心	—	1. 我国的人口增长、人口国策 2. 我国民族分布的特点	1. 我国的临海和邻国 2. 我国人口的分布特点
自然环境与自然资源	2. 我国气候的主要特征及其主要影响因素 3. 长江、黄河的水文特征	1. 我国的内、外流河的分布特征	3. 我国地形、地势的主要特征 4. 我国水资源的分布特点 5. 我国的自然灾害	3. 跨流域调水
经济与文化	4. 我国的农业	2. 交通运输方式 3. 自然环境对我国地方文化特色的影响	6. 我国的工业 7. 我国主要铁路干线的分布格局	4. 地方文化特色对旅游业发展的影响
地域差异	5. 四大地理区域极其自然地理差异	4. "秦岭—淮河"一线的地理意义	—	—
认识区域	—	5. 台湾 6. 香港、澳门	—	5. 外向型经济对区域发展的影响 6. 北京

（四）乡土地理

本版块的重点共计0条，主干知识共计0条，次点知识共计1条（表6）。其中"家乡的自然资源、自然灾害对社会经济等方面的影响"今年考查的可能性依旧很大；补点知识共计2条，考查形式灵活多样，具体考点不易把握且预测。但是这部分内容相较于前三个板块要简单许多，只要学生结合自己的生活实际加以简单推敲，即可得出正确答案。

表6 "乡土地理"板块不同层级的知识点分布

重点知识	主干知识	次点知识	补点知识
—	—	1. 家乡的自然资源、自然灾害对社会经济等方面的影响	1. 家乡的位置以及自然特点
—	—		2. 家乡主要地理事物的变迁及其原因

三、2021年备考复习建议

基于上述分析和预测，对地理中考复习备考提出以下建议。

首先，带领学生阅读、分析细目表，让学生也"心里有数"。比如，当学生阅读到"地球与地图"这一板块的考点时，他们自会明显发现"地球的运动"的确年年有考查，因此，在学习时自然会重视，而不单单是老师告诉学生"这部分知识很重要"。最终师生一起列出各板块的重点、主干、次点和补点知识清单，并在课堂教学中逐一落实。

其次，注重归纳方法技巧。如学习区域地理的方法：区域自然地理特征，可以引导学生分别从位置和范围、地形特征、气候特征、河流特征、植被特征等方面认识，并掌握描述地理位置、归纳地理特征、比较地理差异、分析地理联系的方法；区域的人文地理特征，可以引导学生分别从人口特征、经济特征、城市特征等方面认识。教会学习区域地理的方法，这不仅是为了节约复习的时间，更重要的是培养学生的地理综合思维。

再次，用细目表筛选习题，进行精准的实战训练。对于八年级的学生来讲，全面复习时间有限，因此，不需要也不可能搞"题海战术"，只需要做到精准训练即可。教师可以指导学生利用细目表选择部分习题进行练习，再教授方法技巧逐一突破，这样可以在较短时间内进行有针对性的弥补和完善，从而提高复习效率。

最后，考前回归《课标》进行查漏补缺。《课标》是中考试题命制的唯一依据，虽然从试题命制双向细目表（表1）可以看出，这三年的试题具有一定的地理知识覆盖面，但若仅从这个范围去复习，势必会"一叶障目"。因此，我们还要回归《课标》，进行查漏补缺，这样才能保证复习备考的全面性。

此外，在分析试题的过程中，笔者最大的感受就是试题中考查机械记忆的题目及分值比例都很小，而且逐年减少，越来越注重考查学生的信息提取能力，读图、析图能力，运用所学知识分析和解决现实问题的能力，如2018年总共有20道选择题、5道填空题、4道综合题，其中有15道选择题、4道综合题都是需要从图中获取信息从而得到答案的，其所占分值比例达80%。因此，在复习备考的过程中要重视学生读图、析图方法的讲解，撇弃传统"知识再现，死记硬背"的复习方式，培养学生从各种图表中获取信息、提炼信息、总结概括地理信息的能力。

总之，在进入八年级地理复习阶段后，教师对复习内容的把控非常重要，运用双向细目指导复习，以不变应万变，定能确保师生有的放矢、精准施策，教学更加高效。

参考文献：

［1］中华人民共和国教育部.义务教育地理课程标准（2011年版）［S］.北京：人民教育出版社，2011.

［2］中华人民共和国教育部.关于做好2021年普通高校招生工作的通知［EB/OL］.（2021-02-02）［2021-4-15］.http://www.moe.gov.cn/srcsite/A15/moe_776/s3258/202102/t20210208_513027.html

［注：本文由杨建军、杨稳民合作完成，并发表于《地理教育》（2022年第1期），原文略有修改］

高中生地理实践活动案例设计

——以兰州市兴隆山植被考察为例

　　组织高中学生开展野外考察、社会调查是培养学生地理实践力，落实学科核心素养的应有之意，也是推动地理教学方式变革的具体体现。《普通高中地理课程标准（2017年版2020年修订）》在课程性质和课程理念部分分别指出：地理课程旨在使学生具备人地协调观、综合思维、区域认知、地理实践力地理学科核心素养，学会从地理视角认识和欣赏自然与人文环境，懂得人与自然和谐共生的道理，提高生活品位和精神境界，为培养德智体美劳全面发展的社会主义建设者和接班人奠定基础。根据学生地理学科核心素养形成过程的特点，科学设计地理教学过程，引导学生通过自主、合作、探究等学习方式，在自然、社会等真实情境中开展丰富多样的地理实践活动；充分利用地理信息技术，营造直观、实时、生动的地理教学环境。同时，在课程目标中强调：考察、实验、调查等是地理学重要的研究方法，也是地理课程重要的学习方式。"地理实践力"素养有助于提升学生的行动意识和行动能力，更好地在真实情境中观察和感悟地理环境及其与人类活动的关系，增强社会责任感。在课程实施部分，又再次强调：地理实践是支持学生地理学科核心素养发展的重要手段，地理教学应将实践活动作为教学的重要方式之一。地理实践活动的设计和实施，要以地理学科核心素养的培养为宗旨，与地理理论知识的学习和应用相结合，引导学生用地理视角去观察、行动和思考，并在对真实世界的感受和体验中进一步提升理性认识，逐步建立起地理知识之间的关联。根据地理实践活动的特殊性，还特别强调：在户外考察活动过程中，教师要充分调动学生参与的积极性，关注学生观察、发现、质疑、探究问题的表现，引导学生乐于行动、独立思考、自主认知。在需要动手操作和设计方案的时候，在保证安全的情况下，尽量由学生自己操作和自主设计；还可引导学生拍照、绘图（画）、录像等，培养学生获取地理信息的意识和能力。在设计和实施过程中，教师一方面要合理设计时间、流程，保证实践活动顺利进行；另一方面也要顺应实践活动的特点，给学生的生成性表现留下空间。根据以上指导意见，本文以兰州市兴隆山植被考察为例，设计高中生地理实践活动实施手册。

一、前期准备阶段

（一）知识铺垫

1. 植被与地理环境

植被的概念：植被是覆盖一个地区各类植物群落的总称。植被分为自然植被和人工植被。自然植被是一个地区植物长期发展的产物，主要类型有森林、草原、荒漠、苔原、草甸、沼泽等。

植物生长与环境植物在生活过程中始终和周围环境进行着物质和能量的交换，既受环境条件制约又影响周围环境。因此，植物（被）如同反映自然环境面貌和特征的一面镜子，对自然地理环境具有指示作用。对植物的生长产生影响的环境要素主要包括气候、土壤、地形、植物、动物，人类活动等，其中，光、热、水、气（二氧化碳、氧气）、矿质元素等为绿色植物生活不可或缺的因子，称为生存条件。

在大尺度上，植被的分布主要受气候条件影响，特别是热量和水分条件。

知识延伸

各种植被都有其特定的水热组合，如终年高温多雨是热带雨林发育的必需条件；季雨林发育在热带季风气候的地区；亚热带常绿阔叶林的分布地区，夏季气温高达25℃以上，冬季最冷月平均气温在5℃左右，年雨量在1000毫米以上；温带落叶阔叶林分布地区的气候特征为最热月平均温度13～23℃，最冷月平均温度在0℃以下，年降水量大约为500～700毫米；针叶林分布地区具有夏季凉爽短促，冬季寒冷而长的特点，降水量为300～600毫米；苔原分布地区的气候，夏季更加短促寒冷，最热月平均气温10℃左右，冬季最低气温可达−55℃，年降水量200～300毫米，但蒸发很弱，故气候是湿润的，而且风力大，土壤有永冻土层；温带草原地区的气候干燥，年雨量为150～500毫米，年温差大，冬季寒冷而漫长。

太阳光是一切生命活动赖以维持的能量，同时也影响生物生长。植物根据对光照强度需求的不同，可分为喜光植物和耐阴植物。耐阴植物只需要微弱的光就能正常生长，通常具有枝叶浓密的树冠，枝条在树干上着生的位置较低，常生长在光照条件较差的背阴坡或林下，如杉树、人参等。苔藓和藻类属于极端耐阴植物。喜光植物必须在充足的光照条件下才能更好地生长。这类植物一般比同类植物体型高大、枝叶稀疏、树冠透光、树冠较小，如落叶松、柳树、杨树等。

水不仅是植物体主要组成成分之一，也是重要的生长条件。根据植物生长对水分的需求和忍耐程度，可分为旱生植物、中生植物、湿生植物、水生植物。旱生植物指在干旱半干旱环境下能够正常生长或生长良好的植物。它们通常有叶片小而厚，角质层、蜡层发达，根系发达等特点。湿生植物必须有充足的水分才能正常生长，它们通常具有叶片薄大柔软，根系发育弱等特点，常生长在阴湿的土壤上或潮湿的林中。水生植物是指在水中能正常生长或生长良好的植物。如金鱼藻、浮萍、芦苇等。

风也是植物生长重要的因子之一。风促使植物蒸腾加剧，在风向稳定且风力强劲的地方，因迎风面的树叶和枝条逐渐萎蔫死亡，常形成旗状树冠。不太大的风力可以补充二氧化碳，降低叶温，传播花粉等，但大风和干热风则对植物生长会造成很大的破坏。

土壤是陆地高等植物的立足点和营养库，向植物提供几乎全部的水、氮和矿质营养元素。土壤的理化性质又强烈影响植物对营养物的吸收活动。氮在植物生长中起着极其重要的作用，光合作用形成的碳水化合物只有与氮等物质组成各种生活蛋白质、核酸以后，植物才能生机旺盛地进行物质和能量代谢，生长壮大。根据植物对土壤酸碱度的适应程度，可分为喜酸植物和耐盐碱植物，前者如马尾松、铁芒萁、油茶等，后者如碱蓬。

地形通过改变光、热、水、土、风等自然条件间接地作用于植物。如，在山区，山地不同的海拔、阴坡阳坡、迎风背风坡、陡坡缓坡、山顶山麓等，由于热量和水分的不同组合形成不同的植物种群。如较高山顶处空气稀薄，大气透明度高，光照强，气温变化大，风力强劲，蒸发强烈，物理风化为主，成土作用差，土层薄，植物一般表现为耐寒、耐旱、耐瘠、抗风、抗紫外线等生理特征和株矮根壮、生长缓慢等形态特征。山腰地带，由于海拔适中，温度适宜，降水多的迎风坡或蒸发较弱的背阴坡，水分充足，风力较小，土壤发育较好，多分布喜光的中生或旱生植物。

图1　兴隆山环境概貌

2. 兴隆山地理概况

兴隆山是距兰州市最近的国家级自然森林保护区，位于兰州市榆中县城西南五公里处，距兰州市60公里，为祁连山东延余脉，山脉大致呈西北—东南走向，海拔2000～3600米，其中马衔山主峰海拔3670米，相对高度500～1000米，被誉为"陇右第一名山"。

兴隆山气候属山地高寒半湿润性多雨气候。7月平均气温13～18℃，1月平均气温–8～–9℃，活动积温为1800～2800℃。年有效降水量350～520毫米（在山地增雨作用下，一般海拔每升高100米降水量约增27毫米，马衔山年降水可达800毫米），降水季节不均匀，多集中在夏季，约占全年降水量的55%左右。

3. 兴隆山植被类型及分布

受地形影响，当地植物种类丰富，植被类型多样，山地垂直自然带较为发育。自然植被主要有森林、草原、草甸等。

图2　兴隆山植被分布概貌

如图3所示，森林植被中，乔木树种有华北云杉、辽东栎、桦树、杨树等。

图3　乔木树种

如图4所示，灌木树种有沙棘、高山杜鹃、茶藨子、小叶小檗、野蔷薇、锦鸡儿、榛子、山梅花、忍冬、花楸、悬钩子、樱桃、丁香等。

图4　灌木树种

如图5所示，草本植物有苔草、野草莓、蕨类等。

图5　草本植物

从植被的空间分布来看，阴坡和阳坡因光照和水分条件不同，存在明显差异。阴坡因光照时间较短，自然蒸发相对较弱，土壤水分条件较好，因此，植被高大稠密，且自然带垂直分异更为明显，自山麓到山顶依次为：山前荒漠草原—山麓草原（1800～2000米）—云杉、山杨、桦树混交林（海拔2000～2200米）—细叶云杉林（海拔2200～2700米）—粗叶云杉和细叶云杉混交林（海拔2700～2800米）—粗叶云杉、山柳、桦木、杜鹃混交林（2800～3000米）—灌丛、草甸（海拔3000米以上）。阳坡植被较为稀疏，多为干旱草原，主要树种为喜光的山杨、辽东栎等阔叶林和喜光耐旱的松树。

（二）明确目标

（1）通过查阅相关资料、卫星地图，初步了解兴隆山自然保护区自然地理（地理位置、地形、气候、植被）概况。

（2）通过实地考察，观察和记录兴隆山不同坡向、不同海拔的植被类型（植物种类）并与所提供的学习资料进行对照和比较。

（3）简要绘制兴隆山植被垂直分布的图谱，尝试分析影响当地植被形成和分布的主要因素，培养综合思维素养。

（4）通过地理野外考察，培养科学探究精神和家国情怀，提高地理实践力，锻炼意志和品格。

（三）安全教育

召集学生、家长、带队教师进行地理野外实践活动宣传动员，开展安全教育，并签署学校（甲方）、家长（乙方）、学生（丙方）三方安全责任书。

（四）物品准备

1. 教师准备

踩点、方案策划—联系车辆、规划路线—制定安全预案—分配小组、布置任务。

2. 学生准备

学生需准备的物品清单如表1所示。

表1　物品准备清单

必备物品	是否准备	必备物品	是否准备
背包		学习资料	
防风外套		标本袋	
手机		笔记本	
塑料袋		中性笔	
纸巾		放大镜	
水杯		温度计	
午餐		太阳帽	
药品（创可贴）		小铁锹	
卷尺		细线绳	
注：在你准备好的物品后面打"√"			

二、中期实施阶段

（一）走访调研

走访兴隆山风景区管理部门，听取管理部门负责人关于保护区的情况介绍和相关要求，了解森林保护区范围、林木总蓄积量、代表性的植物种类、气候特征和保护区生态功能等基本概况，确定最佳考察地点和考察线路。

（二）实地考察

任务一：调查山前荒漠草原植物群落和植物生长特征。

（1）考察地点：兴隆山东山口。

（2）具体任务如表2所示。

表2　任务一任务及要求

任务指南	具体要求
任务1	在兴隆山山前荒漠草原片区中任意选取10平方米区域，观察并记录其中的植物种类
任务2	挖掘一颗完整的草本植物，运用尺子或细线绳量（估）算地表草茎与地下根须的长度；另外，将植物的叶子/根系/装入标本盒并贴好标签
任务3	用绳线选取3个1平方米的小样方，记录样方内草本植物的株数，利用数学中的概率方法估算山前荒漠草原片区的植被覆盖度
任务4	在干燥的黄土地面上挖20~30厘米深、直径5~10厘米的小坑，使用放大镜观察并记录土壤湿度、颜色、孔隙、颗粒大小

任务二：观察兴隆山森林植被的主要树种和分布特征，分析影响其生长的条件。

（1）考察地点：兴隆山东山山腰地带。

（2）具体任务如表3所示。

表3　任务二任务及要求

任务指南	具体要求
任务1	观察、记录当地主要树种，采集树叶并运用手机App识别木本植物名称，将其制成标本
任务2	利用手机App查阅并记录当地海拔，测量气温，拍照记录所看到的主要树种
任务3	在不同海拔高度选取3个10平方米的样方，记录样方内乔木的株数，观测其生长状况。利用数学中的概率方法估算山地森林片区的植被覆盖度
任务4	分析当地有利于森林植被生长的条件

任务三：观察亚高山灌丛的主要种类分布特征，并分析其生长的条件。

（1）考察地点：马衔山山腰（海拔3000米）。

（2）具体任务如表4所示。

表4　任务三任务及要求

任务指南	具体要求
任务1	利用手机App记录路线、海拔，并测量气温，拍照记录所看到的亚高山灌丛景观
任务2	运用手机App识别并记录兴隆山亚高山灌丛的植物种类和特点；运用手机拍照，并采集树叶制成标本
任务3	选取1个2米×2米的小样方，记录灌木的盖度及生长状况，观察记录草本的株数与盖度；利用数学中的概率方法估算亚高山灌丛的植被覆盖度
任务4	分析兴隆山亚高山灌丛生长的一般条件

任务四：观察高山草甸的分布特征并分析其形成条件。

（1）考察地点：马衔山山顶（海拔3200米以上）。

（2）具体任务如表5所示。

表5　任务四任务及要求

任务指南	具体要求
任务1	利用手机App记录路线、海拔并测量气温，拍照记录所看到的高山草甸
任务2	观察高山草甸的植物种类，用卷尺或细绳量算、记录草甸植物的高度，找一处土壤坡面，观察土壤的颜色，量算土层厚度，采集标本
任务3	走访当地科学考察站人员，了解当地最大风速、年最高气温、最低气温，年蒸发量和降水量
任务4	分析兴隆山高山草甸生长的一般条件

三、后期总结阶段

（一）成果总结

（1）个人整理植物标本、笔记、照片。

（2）分小组撰写考察报告：总结兴隆山主要植被类型、分布规律及其影响因素。具体任务如表6所示。

表6　考察报告任务及要求

任务指南	具体要求
任务1	运用手机App记录的路线、海拔，结合笔记，列表整理出兴隆山不同海拔高度的气温、降水、主要植物种类、生长特点
任务2	绘制兴隆山植被垂直分布图谱
任务3	对比阴坡与阳坡的植被分布差异，并分析其原因
任务4	撰写考察报告

（二）分享展示

分小组制作地理考察简报或PPT课件，向老师和家长做分享。

（三）总结评价

带队教师根据各小组在实地考察中的表现、形成的主要成果，结合个人自评、小组互评，对每一位同学做出最终评价。地理实践活动评价表如表7所示。

表7 地理实践活动评价表

小组名称：　　　　　　　　　　小组成员：

评价阶段	具体评价内容	分值	学生自评（20%）	小组评价（40%）	导师评价（40%）	合计
前期准备	认真学习"知识铺垫"	10				
	物品准备齐全	5				
中期活动	态度认真，能认真完成考察过程中的记录	10				
	收集的标本、图片等素材丰富	10				
	积极参与小组合作，主动完成小组交代的任务	10				
	善于发现问题、分析问题成因、提出问题的解决办法	10				
	守时守纪、服从安排、安全意识强	5				
后期总结	认真完成资料的整理，提供的记录字迹工整、内容翔实、图文并茂	10				
	考察报告撰写规范，内容完整，图文并茂，结论符合实际（小组得分即为个人得分）	10				
后期总结	汇报形式有创意、汇报演讲仪态端庄大方，发言声情并茂，语言流畅优美（小组得分即为个人得分）	10				
	在总结阶段，能够积极承担小组分配的任务，完成任务质量较高	10				
合计		100				